La Cuisine Provençale du Mas Tourteron

Pour Géraldine,
Un amical souvenir d'une soirée au Mas Tourteron, vous souhaitant bonne réussite pour ces quelques recettes de soleil...
Elisabeth Bourgeois

*à Emmanuelle, ma fille
et à Chiara, ma petite-fille.*

Direction artistique : Hervé Amiard

© 1996, Éditions du Chêne – Hachette Livre

La Cuisine provençale du Mas Tourteron

Élisabeth Bourgeois

Photographies
Pierre Manetti

Sommelier
Philippe Baique

Éditions du Chêne

Préface

En matière de cuisine, le vieil adage « tel père, tel fils » se vérifie peu souvent. Telle mère, tel fils me paraît mieux convenir pour expliquer la forte volonté de certains adolescents à devenir cuisinier. J'ai eu la chance de faire partie de ceux-là pour avoir bénéficié de la sensibilité culinaire de ma bonne grand-mère, Aimée Boulanger puis de celle de sa fille, ma mère, Maman Guérard, formée à cette voluptueuse école du goût. Depuis, je n'ai jamais cessé de porter un véritable culte à la cuisine de femme.

Parmi mes « camarades de cuisine », ainsi aiment-elles que je les appelle, ont figuré des femmes bien différentes : modestes mémés de la campagne, ouvrières d'usine, châtelaines, amateurs éclairés, femmes de présidents ou présidentes elles-mêmes : toutes portaient en elles cette aura culinaire, cette simplicité à parler de leurs recettes qui m'a toujours ravi et rendu admiratif de leur talent exprimé dans l'humilité et le vrai naturel. Élisabeth Bourgeois est de celles-là.

On retrouve dans ses plats l'intuition et le tempérament qui la caractérisent. Lorsqu'elle les peint quelquefois d'inventivité, c'est toujours de manière sensée grâce à une habileté chevronnée. Ils ne succombent pas à la mode ni ne s'inféodent à tel courant culinaire, ils sont ce qu'elle est, ce qu'elle a envie de donner ce jour-là, aidée en cela par une sensibilité et un sens artistique innés.

Depuis longtemps, je le sais, elle a pactisé avec le soleil, son fournisseur principal en ingrédients de premier choix. Le Mas Tourteron et sa cuisine en sont remplis ; même le jardin clos ombragé de tilleuls où il fait si bon prendre ses repas n'y échappe pas.

Cette maison du bonheur n'est-elle pas déjà une exquise recette en soi, habitée de toutes les autres dont vous avez la bonne idée, chère Élisabeth, de nous régaler en nous offrant aujourd'hui ce nouveau recueil délectable.

Merci très chère « camarade de cuisine ».

MICHEL GUÉRARD

Bonheur et simplicité...

À l'âge de sept ans, mon père m'offrit au retour de l'une de ces ventes aux enchères qu'il affectionnait tant, un joli petit banc Louis XIII. Cela me permit d'accéder à la table où maman pratiquait son art, la cuisine. Malgré ma petite taille et avec pas mal d'efforts, j'étirais la pâte brisée, puis lentement, la faisais glisser dans la tôle farinée pour la garnir ensuite de quartiers de pommes ridées, ramassées dans notre jardin. C'était en 1955, dans l'auberge familiale « Le Gai Logis » à Champigny-sur-Yonne.

Maman, excellente cuisinière, avait épousé ce dur métier par amour. Elle régalait ses clients qui devenaient vite des amis, de mets simplement bons ! Les quelques légumes que grand-père Léon bichonnait dans son potager, escortaient un brochet ou une carpe, tout juste pêchés dans l'étang voisin. Aux murs de la cuisine, brillait une batterie de cuivre, héritée de sa grand-mère, une matrone solide et imposante qui, durant cinquante ans, officia dans la minuscule auberge, « Aux Marches des Flandres ». Maman me parle encore des ducasses, ces fêtes villageoises où les longues tables de bois ployaient sous d'interminables rangées de gaufres, toutes poudrées de sucre. J'observais son travail, blottie dans un grand panier d'osier déposé sous la table de la cuisine. Mes souvenirs d'enfance furent bercés de parfum de confiture au boulé perlé, de gelée de roses et de cassis qui bouillonnaient dans les marmites de cuivre. Très vite, maman me confia quelques petites besognes en cuisine que j'étais très fière d'accomplir. Avec ma sœur Maryse, de dix-huit mois mon aînée, nous profitions des rares absences de nos parents, pour tenter quelques expériences culinaires. Notre grand-père Bourgeois, qui avait un solide appétit, se prêtait gentiment à nos jeux en servant de cobaye. Le souvenir de mon premier soufflé, en fait une « infâme pâtée » me revient en mémoire.

Très tôt, je voulus travailler. Mes parents se rendirent à l'évidence, les études et moi ne faisions pas bon ménage, mais une passion se dessinait. Je serai cuisinière ! Puis une loi du destin s'imposa. Celle qui vous pousse à mettre vos pas dans d'autres pas en essayant de faire mieux. Mes racines ne sont pas vraiment provençales. Née d'une famille où la cuisine et l'alimentaire tenaient lieu de carrière au 24, rue de la Glacière à Paris, dans cette même maison où vécut quelques années Marie Curie. Puis, au hasard des pérégrinations commerciales de mes parents, nous émigrons vers le Midi, en hiver 1962, dans ce joli village de Jouques, tout proche d'Aix-en-Provence. En pleine adolescence, je fus bouleversée par ces contrastes de culture, d'environnement, ce mistral qui vous balaie le ciel en quelques minutes ou trois, six, neuf jours... Et ces fleurs d'amandiers ou de mimosas qui fleurissaient en plein hiver, un vrai miracle ! Cavaillon fut la seconde étape, avec l'installation de la famille au « Miradou ». J'étais au « piano » avec maman, durant quelques années pour parfaire ce dur apprentissage.

Très vite, je pris mon vol pour d'autres cieux. Le mariage, puis la naissance de ma fille Emmanuelle et toujours la cuisine. Quelques habitués, tel l'écrivain provençal Marie Mauron, m'apprirent la différence entre le folklore et l'authentique. Les pieds et paquets à la Marseillaise remplacèrent les escargots de Bourgogne. *La Cuisinière Provençale* de Reboul fut ma petite bible jaune, un vrai livre de chevet. Puis une rencontre et une amitié avec un jeune cuisinier de grand talent, trop vite enlevé à l'amour des siens, Jean Chaudat, fut pour moi la révélation d'une cuisine instinctive exécutée par un artiste. Son départ laissa dans la grande famille de la cui-

sine, un vide difficile à combler. À 24 ans, j'ouvre sous l'enseigne du « Petit Bedon » en Avignon, mon premier restaurant. Michel Guérard et sa cuisine nouvelle, nous donnent des ailes. Les sauces s'allègent, les salades deviennent folles, les guides récompensent mon travail pendant huit ans. Je me sens alors assez solide pour accepter la responsabilité d'une cuisine de brigade, au « Mas de la Bertrande » durant cinq ans.

Puis, une nouvelle vie de bonheur avec Philippe, une nouvelle envie de maison bien à soi et le retour dans ce Lubéron que nous aimons tant. Ce fut le « Mas Tourteron ». Entre la vigne et l'olivier, au pied du joli village de Gordes, il faut suivre une petite route en lacets, parcourir une allée bordée de fleurs blanches, pousser la lourde porte d'un jardin clos, typique des fermes du Vaucluse, juste pour se protéger du mistral. Un rendez-vous magique à l'ombre d'un vieux tilleul. Les oiseaux envolés des cages suspendues, le chuchotement du petit bassin où quelques jolies tables, toutes parées de bleu et blanc, vous parlent d'une cuisine de femme, du terroir potager. Philippe et moi avons fait de cette haute et belle demeure, ancienne magnanerie bâtie vers 1850, notre logis et notre lieu de travail, accordant notre vie quotidienne à la respiration de la maison. Jour après jour, le jardin se dessine en blanc ponctué de bleu, ma couleur fétiche. Pour la fraîcheur de la maison, une jolie treille se couvre au printemps de solanums très pâles. Une vaste cuisine, largement ouverte sur la nature, avec sa rutilante batterie de cuivres de famille, pots à épices et frise carrelée comme une vraie cuisine de bonne femme. Au fil des saisons, nos clients, presque tous des amis, se retrouvent dans ce havre de paix, autour d'une table fleurant bon le terroir provençal.

À travers ce livre, j'ai voulu vous faire partager quelques moments de notre vie quotidienne au « Mas Tourteron ». Des fêtes, des ballades, des rencontres autour d'une cuisine de bonheur et de simplicité.

E. B.

Sommaire

Préface de Michel Guérard .5.
Introduction .6.

Ballade chez les bergères .12.
Les mariés du printemps .26.
Le casse-croûte au cabanon .42.
Le jour de Pâques .54.
Le goûter des enfants .70.
Le déjeuner pour Pierre Arditi .84.
Le déjeuner d'amis .94.
Le retour du marché .110.
L'apéro près de la fontaine .126.
Rendez-vous à Beauduc .138.
Noël en famille .150.
Ma première rabasse .166.

Recettes utiles .175.
Carnet d'adresses .180.
Remerciements .181.
Table des recettes .182.

Ballade chez les bergères

Nos deux amies Babeth et Catherine sont bergères à Lagarde d'Apt, hameau de quelques âmes, perdu dans le pays de Sault.

La petite route qui serpente entre les lavandes nous creuse l'appétit. Mais la splendeur du paysage que nous découvrons au détour du chemin vaut bien toutes les fringales du monde. Flora, l'ânesse, nous accueille avec des bruits bizarres, puis nous arrivons à la bergerie, embaumée des parfums de fleurs et de foin séché. Toutes les biquettes ont un prénom : Chocolat et ses deux filles, Thelma et Louise, Ciboulette et Lauriette qui paissent dans un coin, Ouistiti, le petit bouc noir qui vient se réfugier derrière nous.

Pendant que Babeth remplit nos verres, Catherine nous fait déguster ses petits bouchons de « chèvredou ».

À table !

Confit de poivrons et caillé de chèvre doux à la mélisse-citronnelle

Préparation : 30 mn
Réalisation : assez difficile

Pour 8 à 10 personnes

1 kg de chèvre doux (en vrac), 3 poivrons de différentes couleurs, 100 g d'olives noires dénoyautées et hachées au couteau, mélangées à 30 g de pignons, 7 feuilles de gélatine ramollies à l'eau froide et fondues dans 50 g de crème fleurette, 6 courgettes, 25 cl d'huile d'olive, 2 gousses d'ail hachées, 1 petit bouquet de mélisse ciselée, 1 cuillère à café de cumin, sel, poivre du moulin, 1 jus de citron, 1 grande terrine.

Il faut d'abord griller et peler les poivrons : les mettre sous le gril du four en les retournant. Lorsque la peau est bien noire, les déposer 15 mn dans un journal et ensuite enlever la peau sous le robinet. Les couper en fines lanières.

Chauffer doucement 2 cuillères à soupe d'huile d'olive dans une petite casserole, ajouter l'ail, les lanières de poivrons et saupoudrer d'une pincée de cumin, sel, poivre et d'une pincée de mélisse ciselée. Laisser compoter 15 mn à feu doux. Réserver au frais après refroidissement.

Laver les courgettes en gardant la peau. Découper de fines lanières avec un couteau économe. Les cuire à la vapeur 5 mn, les asperger d'huile d'olive, cumin, sel, poivre. Réserver dans un film alimentaire.

Dans un saladier, mélanger le fromage et le hachis d'olives et pignons. Ajouter le mélange crème et gélatine. Saler légèrement, poivrer, réserver au frais.

Dans une terrine huilée et tapissée de lanières de courgettes, étaler une couche de la préparation, disposer des poivrons confits, renouveler l'opération, finir par des lanières de courgettes. Filmer et réserver au frais 24 h, tasser avec un poids de 1 kg.

Dans chaque assiette, disposer une tranche de terrine, accompagner de poivrons arrosés d'un filet de citron. Décorer de mélisse-citronnelle.

À défaut de chèvre frais, on peut utiliser de la brousse de brebis ou de la faisselle très égouttée. La mélisse peut être remplacée par de la menthe fraîche.

VIN
Côtes du Ventoux rosé, pour son côté sec et fruité.

Croustillants de riz rouge au chèvre sec

Préparation : 5 mn
Cuisson : 45 mn
Réalisation : facile

Pour 10 croustillants

150 g de riz rouge de Camargue « griotto », 1 oignon haché, 1 l de bouillon, 2 cuillères à soupe d'huile d'olive, 5 feuilles de brick, 1 petit chèvre sec râpé, sel, poivre, sarriette, 3 petits chèvres secs coupés en quatre.

Dans une sauteuse, chauffer l'huile, ajouter l'oignon, bien remuer.

Chauffer le bouillon dans une autre casserole.

Verser le riz dans la sauteuse, mélanger, incorporer progressivement le bouillon chaud en remuant, jusqu'à cuisson complète. Saler, poivrer. En fin de cuisson, il ne doit plus y avoir de liquide, saupoudrer de chèvre râpé. Réserver.

Couper les feuilles de brick en demi-lunes. Déposer sur chacune 1 cuillère à soupe de riz, poser un quart de chèvre, refermer en triangles, huiler légèrement et les passer au four pour les dorer.

Servir à l'apéritif.

Le riz rouge de Camargue est rare et donc difficile à trouver. On peut le remplacer par un riz sauvage.

VIN
Côtes de Luberon blanc, pour la fraîcheur des arômes.

Les Petits Chèvres rôtis au romarin

Préparation : 10 mn
Cuisson : 10 mn
Réalisation : très facile

Pour 6 personnes

6 petits chèvres pas trop secs, 3 tomates, 6 branchettes de romarin frais, 1 filet d'huile d'olive, sel, poivre du moulin, 6 cassolettes allant au four.

Peler les tomates en les trempant 2 mn dans l'eau bouillante, les rafraîchir et les peler. Les tailler en petits cubes et les disposer au fond des cassolettes. Poser les chèvres sur les tomates, saler, poivrer. Émietter le romarin, ajouter un filet d'huile d'olive et passer au gril du four 10 mn.

Utiliser des petites tomes de chèvre assez souples.
Les picodons à fine croûte que nous trouvons du côté de Valréas ont une saveur noisetée qui se prête merveilleusement bien à cette recette.

Gratin de cabri à la « Brodetto »

Préparation : 5 mn
Cuisson : 25 mn
Réalisation : très facile

Pour 6 à 8 personnes

1 kg de collier ou haut de côtes de cabri (en cubes), 250 g de foie de cabri (en cubes), 1 cœur paré de cabri (en cubes), 3 tomates pelées, quelques branches de basilic, 1 oignon finement émincé, 3 gousses d'ail, 150 g de parmesan râpé, 3 œufs, 1 cuillère à soupe d'huile de tournesol.

Faire sauter vivement à la poêle avec de l'huile de tournesol, les petits cubes de viande avec l'oignon émincé. Ajouter le cœur et le foie puis les tomates pelées, grossièrement concassées. Émincer les gousses d'ail et les ajouter aux viandes. Laisser cuire doucement environ 20 mn. Saupoudrer de basilic ciselé.
Battre les œufs en omelette. Mettre la viande dans un plat à gratin, recouvrir d'omelette et mettre au four doux (gril) pour gratiner. Saupoudrer de parmesan.

Cette recette peut se faire avec des abats d'agneau ou des foies de volaille. Elle m'a été communiquée par notre amie Clémentine de souche italienne qui, elle-même, la tenait de sa mère.

Vin
Saint Joseph rouge, vin des Côtes du Rhône, plaisant et agréable à boire.

Les Petits Pots de fromage frais et râpée de concombre

Préparation : 5 mn
Pas de cuissonz
Réalisation : très facile

Pour 6 personnes

300 g de fromage blanc lisse ou chèvre frais, 2 concombres, une poignée de raisins de Corinthe, 1 cuillère à soupe de cumin en poudre, 1/2 cuillère à soupe de cannelle en poudre, 1 pincée de curry, sel, poivre, 1 échalote ciselée finement, 1 cuillère à soupe de jus de citron, quelques feuilles de menthe fraîche.

Éplucher et râper les concombres comme des carottes. Les mélanger avec le fromage blanc. Ajouter les épices, les raisins de Corinthe, l'échalote et le citron, saler, poivrer et mettre au frais. Décorer de menthe et servir avec du pain grillé.

VIN
Un vin de pays blanc, de préférence nerveux.

Le Râble de lapereau chèvre-olives

Préparation : 10 mn
Cuisson : 35 à 40 mn
Réalisation : assez facile

Pour 4 personnes

2 râbles désossés par le volailler, 2 morceaux de crépine, 100 g d'olives noires dénoyautées et hachées grossièrement, 2 foies de lapin, 1 oignon haché, 150 g de chèvre frais, 1 verre de vin blanc, 1 cuillère à soupe d'estragon ciselé, sel, poivre, 20 cl de crème fraîche épaisse, 1 cuillère à soupe d'huile d'olive.

Étaler la crépine sur la table, y déposer un râble ouvert. Saler, poivrer. Ajouter un foie de lapin bien étalé puis la moitié du fromage de chèvre et des olives. Bien fermer et si besoin est, ficeler comme un rôti.

Chauffer l'huile d'olive dans une cocotte, y faire dorer l'oignon. Ajouter les râbles, saler, poivrer et laisser dorer 15 à 20 mn. Couvrir de nouveau. Au bout de 10 mn, mouiller de vin blanc, ajouter l'estragon puis la crème. Laisser mijoter encore 10 mn à couvert. Déficeler au moment de servir et trancher comme pour un rôti.

Accompagner de champignons.

VIN
Côtes du Luberon rouge, domaine de la Royère, pour la finesse de ses tanins, le servir à température.

Cheesecake de chèvredou à la mélisse-citronnelle

Préparation : 15 mn
Cuisson : 50 mn
Réalisation : facile

Pour 6 personnes

250 g de fromage de chèvre frais, 200 g de crème fraîche, 150 g de sucre en poudre, 100 g de beurre, 4 œufs, 2 zestes de citron, 1 bouquet de mélisse-citronnelle, un plat en terre cuite vernissée.

Râper les zestes de citron. Séparer les blancs des jaunes d'œufs, mettre ces derniers dans un saladier, ajouter le sucre et fouetter pour blanchir le mélange. Ajouter le fromage de chèvre, la crème et les zestes à la préparation précédente. Faire fondre le beurre, l'incorporer au mélange.

Ciseler la mélisse. Battre les blancs en neige ferme, les incorporer délicatement à la préparation, ajouter la mélisse.

Beurrer le plat, verser la préparation. Cuire à feu doux (160 °C, th. 4-5) pendant 50 mn.

Servir tiède ou froid, accompagné de confiture de figues et d'amandes fraîches hachées.

VIN
Un Anjou demi-sec.

Les Mariés du printemps

Isabelle, Mickan et Valérie ont un point en commun, sans même se connaître, ce sont toutes les jolies mariées d'un jour du Mas Tourteron.

Dès les premiers jours d'avril, nous accrochons le bonheur aux portes du jardin. Les murs croulent sous des cortèges de roses blanches ponctués de solanums bleu pâle. Pour la circonstance, Paulette, la carpe du petit bassin, déménage dans un grand baquet en zinc, car nous remplissons la fontaine de gros cubes de glace luisants qui rafraîchissent une multitude de bouteilles. Tout le monde s'affaire dans la cuisine. Armelle façonne les petits pains en forme de cœurs, qui feront office de ronds de serviette. Sandrine, la pâtissière, confectionne le grand Saint-Honoré aux fraises, en pestant sur le caramel qui lui brûle les doigts. Philippe surveille sa mise de table qui doit être impeccable.

Enfin, les invités arrivent et se rassemblent sous les cerisiers.

Et la fête commence !

Artichauts à la brandade

Préparation : 15 mn
Cuisson : 10 mn
Réalisation : facile

Pour 12 petits artichauts

1/2 citron, 50 cl de vin blanc, 2 cuillères à soupe d'huile d'olive, 10 grains de coriandre, 1 gousse d'ail hachée, sel, poivre, herbes, 300 g de brandade de morue maison (recette p. 177).

Chauffer l'eau et l'huile d'olive avec le sel, le poivre et le demi-citron dans un grand faitout. Laver les artichauts. Couper les bouts piquants des feuilles et les premières feuilles dures, ôter le foin, citronner. Cuire dans le faitout 10 à 12 mn. Laisser refroidir.
Au moment de servir, remplir le centre des petits artichauts de brandade et décorer d'herbes.

Vin
Tavel, « le rosé des Côtes du Rhône ».

Bonbons à la brandade pour l'apéritif

Préparation : 5 mn
Cuisson : 10 mn
Réalisation : facile

Pour 12 bonbons

6 feuilles de brick, 250 g de brandade de morue maison (recette p. 177).

Étaler les feuilles de brick sur la table, les couper en deux, déposer une petite cuillère à soupe de brandade sur chaque moitié. Rouler les deux extrémités comme un bonbon. Cuire 10 mn à 180 °C (th. 6) en surveillant la couleur.

Vin
Gris de gris, le vin des sables, pour sa bouche vive et légère.

Les Aumônières à la ricotta

Préparation : 30 mn
Cuisson : 5 mn
Réalisation : facile

Pour 4 personnes

Pour la pâte verte : 200 g de farine, 2 jaunes d'œufs, 2 cuillères à soupe d'huile d'olive, 50 g d'épinards cuits et égouttés, sel.
Pour la farce : 100 g de ricotta, 2 jaunes d'œufs, 2 cuillères à soupe de parmesan râpé, 1 cuillère à soupe de basilic ciselé, sel, poivre.
10 brins de ciboulette, 12 feuilles de basilic, sel, poivre, huile d'olive.

Préparer la pâte : mettre dans le bol du mixer la farine, les jaunes d'œufs, l'huile, les épinards. Saler. Tourner afin d'obtenir une pâte souple.

La farce : mettre dans le mixer la ricotta, les jaunes d'œufs, le parmesan et le basilic ciselé. Bien mélanger. Assaisonner.

Montage : étaler très finement la pâte, la diviser en huit carrés de 12 cm x 12 cm. Disposer la farce au centre de chaque carré. Fermer en rapprochant les angles, pour former des aumônières. Lier avec les brins de ciboulette. Mettre au frais.

Porter à ébullition 3 l d'eau salée, additionnée d'huile d'olive, y plonger les aumônières et les laisser cuire 5 mn.

Servir les aumônières décorées de feuilles de basilic.

C'est une entrée d'été à l'accent italien, ou bien l'accompagnement d'un plat d'agneau en sauce.

VIN

Costières de Nîmes blanc, Château de Belle-Coste, vin agréable et bien équilibré.

Cassolettes d'asperges en pois verts

Préparation : 30 mn
Cuisson : 10 mn
Réalisation : assez facile

Pour 4 personnes

1 poignée de petits pois, fèves et haricots verts, 1 kg d'asperges vertes, 4 feuilles de brick, 200 g de crème fraîche, 1 bouquet d'herbes fraîches composé de branches d'estragon, persil plat et coriandre, ciselé finement, 2 tranches de poitrine fumée coupées en bâtonnets, 10 cl de bouillon de volaille, sel et poivre, 30 g de beurre, 4 petites coupelles en verre de 10 cm de diamètre.

Pour les cassolettes : tapisser chaque petite coupelle d'une feuille de brick. Faire quatre boules en papier aluminium et les déposer au centre des coupelles. Chauffer le four à 100 °C (th. 3-4) puis éteindre. Enfourner les cassolettes pour 5 mn (elles doivent sécher mais non colorer). Sortir et réserver.

Pour les légumes : éplucher les asperges. Laver, sécher, émincer et réserver. Écosser et précuire les petits pois 3 mn, rafraîchir. Écosser les fèves et les tremper 2 mn dans l'eau bouillante pour ôter la peau. Éplucher et cuire les haricots verts croquants. Les couper en petits morceaux. Réserver. Dans une poêle, chauffer le beurre, ajouter les lardons, puis les asperges. Poivrer (ne pas saler). Mouiller de bouillon. Cuire 5 mn, puis ajouter le reste des légumes, la crème et les herbes. Mélanger.

Au moment de servir, verser la préparation dans les cassolettes. Pour donner la jolie couleur verte, mixer quelques brins de persil avec deux cuillères à soupe d'huile et peindre les feuilles de brick.

Au printemps, au hasard des cueillettes, j'utilise des asperges sauvages.

VIN

Muscat d'Alsace, nez intense, son terroir se marie très bien avec l'asperge.

Croustillant de pigeon au miel épicé

Préparation : 5 mn, la veille + 1 h
Cuisson : 20 mn
Réalisation : difficile

Cette recette un peu longue mérite d'être servie pour au moins 8 convives

4 pigeons d'environ 500 g chacun que vous ferez désosser par le volailler, 300 g de champignons de Paris lavés, séchés et émincés, 4 oignons rouges émincés, 200 g de miel de chêne, 1 paquet de feuilles de brick, 10 cl de vinaigre de cidre, 1 cuillère à soupe de gingembre, 3 gousses d'ail hachées, 1 cuillère à soupe de cannelle, 1 boîte de 500 g de graisse d'oie, 1 branche de menthe, 1 branche de thym frais, gros sel, 150 g beurre.
Pour le fond de pigeon : 2 carottes, 1 branche de céleri, 1 oignon, les carcasses concassées de 4 pigeons, 50 cl de vin blanc, sel, poivre, 1 bouquet garni.

- Démarrer le fond, en faisant roussir les carcasses avec l'oignon haché plus le miel, les carottes, le céleri. Mouiller de vin blanc et du vinaigre de cidre. Ajouter le bouquet garni, sel, poivre et laisser cuire à petit feu 30 mn. Chinoiser et réserver.
- Pour préparer le confit de cuisses de pigeon : la veille, saupoudrer les cuisses d'une cuillère à soupe de gros sel et de thym frais, poivrer. Réserver au frais toute une nuit. Le lendemain, rincer abondamment et mettre dans une cocotte en fonte dans 200 g de graisse d'oie à confire 1 h à tout petit feu. Réserver.
- Pour la confiture d'oignons : faire sauter vivement les oignons rouges émincés dans une cuillère à soupe de graisse, asperger d'un trait de vinaigre, saupoudrer d'une cuillère de gingembre et ajouter 2 cuillères à soupe de miel. Laisser évaporer le liquide et réserver. Faire sauter les champignons à la poêle, ajouter l'ail haché, sel, poivre. Réserver.
- Préparer les suprêmes : dans une cuillère à soupe de graisse, faire saisir les suprêmes sur la peau. Réserver.
- Le montage : tapisser un moule à tarte en porcelaine ou en verre de feuilles de brick en les faisant se chevaucher et dépasser. Étaler une couche de champignons. Puis déposer les suprêmes, couvrir de confit d'oignons et de feuilles de menthe ciselées, ajouter 1 pincée de cannelle. Fermer avec des petites piques en bois (genre cure-dent), recouvrir d'une feuille de papier d'aluminium et réserver jusqu'au moment du repas.
- Pendant ce temps, faire réduire le fond et monter au beurre en fouettant.
- Enfourner le croustillant pour 16 mn à 220 °C (th. 7) pour une cuisson à la goutte de sang.
- Servir les cuisses confites réchauffées au four 10 mn sur une salade de mesclun.

Demander des pigeonneaux à votre volailler. C'est une volaille très tendre qui se mange généralement rôtie. Nos pigeonneaux viennent de Haute-Provence.

VIN

Côtes du Luberon, Château de l'Isolette rouge, puissant et aromatique.

Gratin de macaronis, ris de veau et foie gras

Préparation : 1 h
Cuisson : 6 mn pour les ris + 10 mn au four
Réalisation : assez difficile

Pour 6 personnes

1 paquet de macaronis longs, 6 petites tranches de foie de canard cru, 2 ris de veau, 1 filet de vinaigre, 1 verre de madère. Pour la farce : 180 g de veau (filet mignon), 1 blanc d'œuf, 4 cuillères à soupe de crème fraîche, une pincée de quatre-épices, 1 cuillère à café de beurre, sel, poivre. Pour le court-bouillon : 1 oignon, 1/2 poireau, 1 feuille de laurier, gros sel, grains de poivre, 1/2 carotte, 6 petits moules ronds.

- Premièrement, tremper les ris de veau dans l'eau fraîche pendant 30 mn avec un filet de vinaigre. Ôter toutes les petites peaux.
- Préparer un court-bouillon : avec un oignon, un demi poireau, une feuille de laurier, du gros sel, trois grains de poivre, une demi-carotte. Plonger les ris dans le court-bouillon, pendant 5 à 6 mn à feu doux. Laisser refroidir.
- Cuire les macaronis *al dente* dans une grande quantité d'eau bouillante et égoutter. Finir de parer les pommes de ris de veau qui doivent être bien lisses.
- la farce : hacher le filet de veau, déposer dans un saladier posé sur glace, ajouter le blanc d'œuf, bien mélanger. Saler, poivrer, ajouter les quatre-épices, la crème et bien mélanger à la spatule pour alléger la mousse.
- Couper les pommes de ris de veau en escalopes, pas trop épaisses et poêler dans 1 cuillère à café de beurre. Réserver.
- Montage : dans six petits moules ronds beurrés au pinceau, déposer un macaroni tout autour. Remplir de farce, puis de ris de veau, finir par la farce.
- Environ 10 mn avant de dîner, cuire au bain-marie au four à 170 °C (th. 5). Sortir et démouler.
- Poêler vivement les tranches de foie crues et déglacer d'un petit verre de madère, déposer au centre du gratin et napper du jus de cuisson.

VIN

Puligny Montrachet, vin de la Côte de Beaune, au corps dense sur des arômes de grillé. Condrieu, vin des Côtes du Rhône Nord, blanc, très structuré avec des arômes de fleurs et de miel.

LES MARIÉS DU PRINTEMPS

Le Parfait fromagé

Préparation : 15 mn
Pas de cuisson
Réalisation : assez facile

Pour une terrine de 28 cm

350 g de roquefort, 500 g de beurre, 1 bouquet d'oseille, 1/2 bouquet de ciboulette, 100 g de filets d'anchois à l'huile, 100 g de comté, 20 g de noisettes et d'amandes broyées mélangées, poivre du moulin.

Mixer les anchois égouttés avec 200 g de beurre. Poivrer. Mixer 300 g de beurre avec le roquefort émietté et la ciboulette ciselée.

Tapisser une terrine bien froide de film plastique alimentaire, recouvrir le fond et les parois de lamelles de comté. À la spatule, étendre une première couche de 2 cm de beurre au roquefort, saupoudrer du mélange amandes et noisettes. Couvrir de quelques feuilles d'oseille, puis d'une fine couche de beurre d'anchois. Recouvrir de lamelles de comté, recommencer l'opération. Terminer par du comté. Couvrir avec le film, et mettre au frais au moins 1 h. Sortir la terrine, bien tasser.

Cette terrine de fromage est une spécialité du Mas. En 1989, je l'ai imaginée lors d'une journée consacrée aux fromages français, pour mon ami Robert Bedot. Je la présente toujours avec une salade de mesclun champêtre et des petits pains noisettes-amandes (recette p. 179).

VIN
Vin du pays de l'Ardèche, blanc.

Les Figues fraîches en robe blanche

Préparation : 10 mn
Réalisation : très facile

Pour 6 personnes

1,5 kg de figues fraîches « goutte d'or », 50 cl de crème liquide, 1 petit pot de 50 g de miel de lavande, 1 verre de Grand Marnier, 1 jolie coupe.

Laver et essuyer les figues. Les couper en rondelles. Battre au fouet la crème jusqu'à consistance mousseuse, ajouter le miel puis le Grand Marnier. Verser les figues dans une jolie coupe, les couvrir de la crème mousseuse et mettre au moins 1 h au frais.

Au Mas, nous avons deux figuiers, l'un donne ses premières figues fin juin. Il faut attendre septembre pour recueillir les fruits de la deuxième variété. Personnellement, je préfère la figue blonde et très sucrée, la « goutte d'or ».

VIN
Muscat de Beaumes de Venise, Castaud Maurin.

Le Sorbet aux pétales de roses

Préparation : 5 mn, la veille
Cuisson : 20 mn
Réalisation : assez facile

Pour 1,5 l de sorbet

700 g de sucre (ou 300 g de miel), 1 l d'eau, le jus de 2 citrons, une dizaine de roses de jardin, effeuillées et surtout non traitées, 1 blanc d'œuf.

Faire un sirop : dans une grande casserole, faire bouillir l'eau et le sucre 20 mn. Effeuiller les roses, les rincer rapidement dans l'eau froide. Déposer sur un torchon pour sécher. Les laisser ensuite à infuser dans le sirop bouillant pendant une nuit.

Le jour même, ôter les pétales. Ajouter le citron au sirop et faire tourner en sorbetière. Au bout de 5 mn, ajouter le blanc d'œuf et faire prendre en sorbetière. Décorer de pétales de roses. Ce sorbet n'ayant pas de base de fruits, le blanc d'œuf crée une consistance tout en allégeant la masse.

Le Nougat aux bigarreaux « Cigalette »

Préparation : 30 mn, plusieurs heures à l'avance
Réalisation : facile

Pour 6 personnes

1 kg de fromage blanc égoutté, 400 g de crème fraîche épaisse, 300 g de bigarreaux confits, 150 g d'amandes, 150 g de noisettes, 180 g de miel d'acacia, 1 cuillère à soupe de kirsch, 9 feuilles de gélatine, 1 moule à manqué.

Égoutter le fromage blanc dans une passoire. Ramollir la gélatine à l'eau froide. Hacher au robot amandes et noisettes. Chauffer le miel dans une casserole. Égoutter la gélatine et la mettre à fondre dans le miel chauffé. Mettre le fromage blanc dans un saladier, incorporer le miel et la gélatine, ajouter les bigarreaux hachés, les fruits secs et le kirsch. Mélanger. Fouetter la crème en chantilly, l'incorporer délicatement au mélange précédent en soulevant la masse. Verser cette préparation dans le moule et mettre au frais au moins 3 h. Décorer de demi-bigarreaux et servir avec un coulis de cerises.

Les bigarreaux employés dans cette recette sont cultivés autour du Mas, dans la campagne gordienne et confits dans la pure tradition à la confiserie de la « Cigalette » aux Imberts.

VIN
Rasteau moelleux où l'on retrouve des notes de fruits cuits.

Le Saint-Honoré aux fraises

Préparation : 30 mn
Cuisson : 15 mn + 5 mn à four ouvert
Réalisation : assez facile

Pour 10 personnes

400 g de pâte à choux (recette page 178), 200 g de pâte feuilletée, 500 g de fraises, 3 cuillères à soupe de sucre.

Pour la garniture : 5 dl de lait, 1 gousse de vanille, 100 g de sucre, 1 pincée de sel, 5 jaunes d'œufs, 30 g de farine, 3 blancs d'œufs, 2 cuillères à soupe de sucre, 1 noisette de beurre.

Pour le caramel : 10 cuillères à soupe de sucre, 4 cuillères à soupe d'eau, jus d'1 citron.

- Laver puis équeuter les fraises, les couper en deux, les mettre dans un saladier et les saupoudrer de 3 cuillères à soupe de sucre.
- Abaisser le feuilletage en un cercle de 30 cm. À l'aide d'une poche munie d'une douille lisse, dresser une spirale en pâte à choux sur le cercle en partant du centre. Piquer la pâte à la fourchette. Dresser le reste de pâte en douze petits choux sur une tôle. Saupoudrer de sucre et cuire 30 mn à 120 °C (th. 3-4).
- Chauffer le lait et amener à ébullition, fendre la vanille dans le sens de la longueur, la gratter pour récupérer les graines, puis l'ajouter au lait. Blanchir au fouet les jaunes, le sucre et le sel, incorporer la farine tamisée. Verser dessus le lait bouillant en remuant pour éviter les grumeaux. Remettre le tout à chauffer tout doucement. Bien remuer et laisser épaissir. Laisser refroidir dans un bol et tamponner la surface avec un petit morceau de beurre froid pour éviter la formation d'une croûte sur la crème.
- Remplir la poche de crème et farcir les petits choux refroidis par en-dessous.
- Faire caraméliser le sucre en chauffant et remuant sans arrêt. Quand le caramel commence à se colorer, baisser le feu et vérifier la bonne coloration ambrée qui se fait très rapidement. Ôter du feu et verser délicatement trois gouttes de jus de citron. Attention aux brûlures. Réserver.
- Plonger la base des choux dans le caramel et les coller sur le pourtour de la pâte.
- Battre les blancs en neige ferme et les incorporer au reste de la crème. Napper le centre du gâteau et décorer des fraises sucrées.

VIN

Maury Vintage du mas Amiel.

Gratin de fraises en sabayon de muscat et son sorbet

Préparation : 30 mn, la veille (sirop) + 30 mn
Cuisson : 3 mn
Réalisation : assez facile

Pour 8 personnes

400 g de fraises « gariguette ».
Pour le sirop : 15 cl de muscat de Beaumes de Venise, 15 cl d'eau, 200 g de sucre. Pour le sabayon : 2 jaunes d'œufs, 5 cl de muscat, 50 g de sucre. Pour le sorbet : 500 g de fraises, 1 jus de citron, 1 branche de menthe.

La veille, faire le sirop avec le muscat, l'eau et le sucre.

Laver et équeuter les fraises, les couper en deux. Les plonger dans le sirop 30 mn. Les égoutter, puis les disposer en rosace dans les assiettes ou un plat à gratin.

Pour le sorbet : broyer les fraises lavées et équeutées, les mélanger au sirop de pochage et ajouter le jus de citron, turbiner le tout dans une sorbetière.

Juste avant de servir, préparer le sabayon. Mélanger dans un bol au bain-marie les jaunes d'œufs, le muscat et le sucre. Fouetter énergiquement jusqu'à ce que le mélange double de volume. Verser le sabayon sur les fraises et passer 3 mn sous le gril.

Ajouter une quenelle de sorbet et une branche de menthe sur chaque assiette.

VIN
Muscat de Beaumes de Venise, Castaud Maurin, on se croirait dans un jardin chargé de roses.

Le Casse-croûte au cabanon

Murs, charmant village perché dans les monts du Vaucluse, se trouve à une envolée de Gordes. Nous y avons un cabanon familial. Un véritable refuge, situé dans un petit bois de pins et de chênes où nous aimons nous retrouver le temps d'un joyeux pique-nique. C'est toujours un déjeuner champêtre, fait de douce simplicité. Chacun s'installe à sa guise sur les pierres posées çà et là, et nous déplions la nappe du festin...

Immuables sont le gâteau d'omelettes, « le crespéou » avec ses jolies tranches de couleurs, le taboulé d'épeautre et la bohémienne de Mamé Marcelle. Nous découpons le rôti de porc mijoté à la sauge, flanqué de quelques cerises au vinaigre. Puis viennent les tommes de Banon et une tourtière aux fruits, faciles à transporter dans nos paniers d'osier. Les bouteilles se rafraîchissent dans l'eau claire d'un vieux puits.

Paniers vides et nappe repliée, nous terminons notre pique-nique par une mémorable sieste...

Heureux de cette journée que nous voudrions éternelle.

Le Crespéou d'omelettes

Préparation : 35 mn, la veille
Cuisson : 1 h pour toutes les omelettes
Réalisation : assez difficile

Pour 6 à 8 personnes

20 œufs, 2 grosses tomates pelées, 3 poivrons verts et rouges grillés et pelés, 300 g de champignons de Paris, 1 bol de ratatouille, 150 g de jambon de pays, 50 g de mozzarella, 100 g de beurre, 1 tête d'ail, 1 échalote, 1 bouquet de persil et basilic, huile d'olive, sel, poivre, 1 pincée de sucre, 1 citron, 1 terrine ou 1 moule à manqué.

LES GARNITURES

Les tomates : les éplucher puis les concasser, les faire revenir avec 1 cuillère à soupe d'huile d'olive, deux gousses d'ail, une échalote hachée, du basilic ciselé, du sel, du poivre et une pincée de sucre.

Les poivrons : les faire griller au four, les peler, les tailler en lanières et les faire revenir dans un peu d'huile d'olive avec une gousse d'ail hachée, du sel et du poivre.

Les champignons : les laver, les citronner et les émincer. Les poêler avec une gousse d'ail et du persil hachés, sel, poivre.

La ratatouille : réchauffer un reste de ratatouille sans matière grasse.

Jambon et mozzarella : tailler les deux ingrédients en lanières.

Pour le montage :

préparer une omelette en la faisant cuire au beurre, dès qu'elle commence à prendre, la garnir du concassé de tomates. Terminer la cuisson en gardant l'omelette moelleuse. Réserver sur une assiette. Préparer ainsi les quatre autres omelettes avec leur garniture.

Huiler une terrine ou un moule à manqué, déposer au fond l'omelette aux tomates, puis les autres successivement. Verser dessus quatre œufs battus, parsemer de persil haché. Couvrir la terrine et faire cuire 10 mn au four au bain-marie à 180 °C (th. 6).

Laisser refroidir, tasser et tenir une nuit au réfrigérateur. Servir démoulé avec un bon concassé de tomates au basilic (recette p.176).

Le crespéou est une entrée froide qui se compose de cinq omelettes faites de trois œufs chacune et garnies différemment. Ce gâteau d'omelettes peut varier à l'infini dans le choix des légumes, suivant la saison. C'est un merveilleux plat de pique-nique.

VIN

Côtes du Ventoux blanc, Château blanc, vivacité et fraîcheur.

Le Taboulé d'épeautre

Préparation : 30 mn
Cuisson : 30 mn
Réalisation : facile

Pour 6 personnes

1 paquet de 500 g d'épeautre, 2 poivrons rouges, 2 poivrons verts, 2 oignons, 300 g de bouillon, 3 tomates, 1 gros bouquet de menthe, 300 g d'huile d'olive, 25 cl de jus de citron.

Rincer l'épeautre pendant 10 mn sous un filet d'eau. Cuire l'épeautre dans le bouillon pendant 30 mn. Rincer et laisser égoutter.

Pendant ce temps, couper tous les légumes en minuscules petits cubes. Ciseler finement la menthe fraîche.

Mettre la graine d'épeautre dans un grand saladier, verser dessus le jus de citron, l'huile d'olive, ajouter la menthe ciselée, puis tous les légumes. Saler, poivrer, bien mélanger et mettre au frais.

L'épeautre est une variété de blé rustique qui pousse sur les sols pauvres. Graine un peu oubliée, elle revient progressivement dans notre alimentation car elle se cuisine comme le riz et possède une excellente valeur énergétique.

Dans notre région, quelques producteurs prévoyant la crise de l'élevage du mouton se sont reconvertis dans la culture de l'épeautre. Elle se situe sur les contreforts du mont Ventoux et sur le plateau d'Albion.

VIN
*Coteaux de Pierrevert blanc,
vin des Alpes-de-Haute-Provence.*

Effeuillée de morue en salade

Préparation : 5 mn, 36 h à l'avance
Cuisson : 30 mn
Réalisation : facile

Pour 6 personnes

800 g de morue séchée, 300 g de jeunes pousses d'épinards, 150 g de pois chiches, 5 oignons nouveaux, 1 petit piment, 1 l de lait, 400 g de fèves, 250 g de crème fraîche, 1 citron, 1 brin de romarin, 1 feuille de laurier, 1 gousse d'ail, sel, poivre.

Faire dessaler la morue 36 h à l'avance. Pour cela, la mettre sous un filet d'eau 30 mn, puis dans un récipient à tremper 12 h. Faire tremper les pois chiches la veille.

Le jour même, rincer les pois chiches, les mettre dans une casserole avec un oignon, une feuille de laurier, six grains de poivre, sel, les couvrir d'eau froide et laisser cuire 45 mn. Écumer de temps en temps. Rincer et égoutter.

Rincer la morue et la pocher tout doucement dans le lait, auquel on ajoute le romarin et une gousse d'ail.

Éplucher les fèves, les plonger ensuite rapidement dans de l'eau bouillante pour ôter la peau. Laver et équeuter les épinards. Éplucher et émincer les oignons.

Finitions : éplucher et désarêter la morue, l'effeuiller délicatement. Filtrer le lait de cuisson, en prélever 2 dl, les mélanger à la crème fraîche ainsi qu'au jus de citron. Poivrer. Ajouter un quart du petit piment très finement haché.

Disposer ensuite les épinards en lit sur un grand plat de service. Poser l'effeuillée de morue par-dessus et répartir les fèves, les pois chiches et les oignons émincés. Napper avec la sauce.

VIN
*Côtes du Luberon rosé, domaine de la Royère,
une belle couleur rose pâle.*

La Bohémienne de « Mamé Marcelle »

Préparation : 10 mn
Cuisson : 20 mn
Réalisation : facile

Pour 8 à 10 personnes

6 aubergines, 10 cl d'huile d'olive, 6 tranches fines de poitrine fumée, 6 gousses d'ail dégermées et hachées, concassé de tomates (recette p. 176), 1 branchette de thym émietté.

Laver, essuyer et couper les aubergines en petits dés. Réserver.

Couper la poitrine fumée en très fins bâtonnets.

Chauffer l'huile d'olive dans une grande poêle, y mettre les lardons et les aubergines. Ajouter l'ail et le thym émietté, bien dorer. Saler et poivrer, remuer et couvrir.

Lorsque le tout est bien doré, ajouter le concassé de tomates. Laisser compoter à petit feu.

Cette bohémienne, cuite à petit feu, se déguste aussi bien froide que chaude. Elle est délicieuse dans une omelette ou dans une pâte à tarte à l'huile d'olive, gratinée au four et saupoudrée de parmesan.

VIN

Vin blanc de Saint-Bris-le-Vineux pour son équilibre, sa rondeur et pour Élisabeth.

Le Rôti de porc à la sauge

Préparation : 5 mn
Cuisson : 1 h 30 mn la veille, 30 mn le jour même
Réalisation : facile

Pour 6 personnes

1 échine de porc désossée, 1 gros bouquet de sauge, 10 gousses d'ail en chemise, 50 g de beurre, 3 cuillères à soupe d'huile de tournesol, sel, poivre.

Déposer le rôti de porc sur une plaque. Mettre les os à côté. Ajouter les gousses d'ail en chemise, puis les feuilles de sauge réparties dessus. Beurrer le rôti, saler, poivrer, ajouter de l'huile.

Préchauffer le four à 100 °C (th. 3-4). Enfourner pour 1 h 30 mn en retournant la viande de temps en temps. Mouiller le rôti toutes les 20 mn en l'arrosant régulièrement. Sortir la viande, l'entourer d'une feuille de papier d'aluminium et laisser refroidir.

Le lendemain, préchauffer le four à 200 °C (th. 6-7) et cuire le rôti avec son jus pour environ 25 à 30 mn suivant sa grosseur.

Cette longue cuisson à basse température conserve à la viande tout son moelleux.

VIN
Côtes du Rhône rouge, vin léger et fruité.

Tarte de riz aux cèpes et aux écrevisses

Préparation : 25 mn – Cuisson : 40 mn
Réalisation : facile

Pour 6 personnes

250 g de riz arborio, 300 g de pâte feuilletée, 200 g de cèpes, 24 écrevisses vivantes, 2 carottes, 14 tranches de lard fumé très fines, 5 cl d'huile d'olive, 1 œuf, 10 brins de cerfeuil, 30 g de beurre, 1 moule à tarte à fond amovible.

- Étaler la pâte feuilletée. Beurrer le moule à tarte, le tapisser de la pâte, piquer le fond et les côtés. Poser un rond de papier sulfurisé sur le fond de tarte, verser des haricots secs par-dessus. Dorer les bords à l'œuf battu. Enfourner 15 mn à 240 °C (th. 7-8). Sortir. Retirer les poids et le papier.
- Cuire les écrevisses à l'eau bouillante salée 1 mn. Les décortiquer et emmailloter chacune d'elles dans une demi-tranche de lard, réserver au frais.
- Concasser têtes et carapaces, les mettre dans une casserole avec du sel, du poivre et 1,5 l d'eau, porter à ébullition et laisser cuire à petits frémissements 20 mn. Passer ce jus en pressant sur les carapaces pour extraire les sucs. Éplucher, couper les carottes en petits dés. Détailler le lard restant en petits bâtonnets. Nettoyer les cèpes, couper les queues en petits cubes, émincer les têtes. Sauter le tout à part à l'huile d'olive.
- Mettre 2 cl d'huile d'olive dans une sauteuse, laisser revenir le riz 5 mn en remuant. Mouiller d'une louche de fumet de carapaces, remuer, continuer louche après louche. À mi-cuisson, ajouter les carottes, puis les queues de cèpes et les lardons.
- Faire dorer à la poêle les têtes de cèpes, puis saisir 3 mn les écrevisses entourées de lard.
- Lorsque le riz est cuit, incorporer 30 g de beurre. Garnir le fond de tarte avec le riz, disposer les cèpes en rosaces et les écrevisses. Décorer avec les brins de cerfeuil.

Faute d'écrevisses, quelques langoustines feront l'affaire.
VIN
Sancerre blanc, pour sa tenue et sa finesse.

La Tourte tiède de notre verger

Préparation : 30 mn – Cuisson : 40 mn
Réalisation : facile

Pour 6 personnes

1,5 kg de cerises dénoyautées, 10 abricots, 15 amandes fraîches, 1 œuf, 2 cuillères à soupe de sucre en poudre, 1 plat à tarte de 22 cm de diamètre. Pour la pâte : 150 g de farine, 80 g de beurre, 1 jaune d'œuf, 5 g de sucre en poudre, 1 verre d'eau, 1 pincée de sel. La crème : 100 g de sucre cristallisé, 30 g de farine, 4 cuillères à soupe de crème fraîche épaisse, 20 g de beurre mou, 1 œuf entier, 30 g de farine tamisée.

- La pâte : mettre dans le bol du mixer la farine, le beurre froid en petits morceaux, le sucre, le sel et le jaune d'œuf. Tourner jusqu'à obtention d'une pâte sablée, ajouter petit à petit le verre d'eau jusqu'à formation d'une boule compacte. Réserver au frais.
- Dénoyauter cerises et abricots, réserver.
- Pour la crème : mélanger délicatement le beurre mou, le sucre et la farine tamisée, laisser à température ambiante 15 mn puis ajouter l'œuf, battre.
- Beurrer et fariner le moule, étaler la pâte délicatement en laissant largement dépasser les bords. Piquer le fond à la fourchette. Répartir les fruits. Verser la crème, rabattre les bords de la pâte en la pinçant légèrement. Dorer à l'œuf battu à l'aide d'un pinceau. Cuire 35 mn à 180 °C (th. 6).
- Sortir la tourte, saupoudrer de sucre et piquer avec les amandes. Dorer sous le gril du four 3 à 4 mn.

VIN
Rivesaltes Vintage avec des arômes de miel et de coings.

Le Jour de Pâques

Aujourd'hui, la maison ressemble à une ruche où toutes les abeilles se sont donné rendez-vous. Très tôt, nous dressons de jolies tables dans le jardin clos, garni de grandes jarres d'Anduze croulant sous les géraniums blancs. Le travail ne manque pas car dès les premiers beaux jours, les touristes affluent pour visiter notre beau village de Gordes.

Une délicieuse odeur de pain chaud s'échappe de la cuisine pour accueillir les visiteurs aux portes du jardin. Dans la cuisine, c'est le branle-bas de combat, toutes les jeunes filles virevoltent autour du « piano », épluchent, coupent, hachent, façonnent. Ce déjeuner pascal est un rituel autour de l'agneau et du cabri. L'œuf aussi a sa place sur notre table, en surprise d'abord, puis escortant un bouquet d'asperges vertes.

Ce repas se termine avec les premières fraises de Provence, accompagnées de sucre ou d'un soupçon de bonne crème.

Les Œufs surprise en amusade

Préparation : 15 à 20 mn
Cuisson : 5 mn
Réalisation : assez difficile

Pour 6 personnes

6 œufs, 1 boîte de tarama de saumon, 1 petite boîte d'œufs de saumon, 1/2 poivron rouge, 1/2 poivron vert, 1 gousse d'ail, 1 sachet de court-bouillon, huile d'olive, quelques brins d'aneth, sel, poivre, 2 feuilles de gélatine.

En premier lieu, il faut vider les œufs. Leur couper un petit chapeau avec un coupe-œuf. Les rincer et les sécher.

Couper les deux couleurs de poivrons en tout petits dés et les faire sauter 1 mn à la poêle avec un filet d'huile d'olive et une gousse d'ail écrasée. Réserver.

Ramollir les feuilles de gélatine à l'eau froide, les essorer et les tremper dans le court-bouillon légèrement chauffé. Rectifier l'assaisonnement. Remuer.

Poser les coquilles dans des coquetiers, verser avec une petite cuillère le mélange de poivrons, puis faire couler, juste pour affleurer, un peu de court-bouillon au-dessus. Mettre au frais 1 h.

Remplir une poche à douille de tarama et garnir les œufs. Décorer avec les œufs de saumon et les brins d'aneth.

Selon ses moyens, le tarama peut être remplacé par une cuillère de très bon caviar.

VIN
Côtes du Rhône rouge, jeune, agréable et fruité.

Le Parfait de foies blonds

Préparation : 20 mn, quelques jours à l'avance
Cuisson : 45 mn
Réalisation : assez facile

Pour une terrine de 28 cm

1 kg de foies de poulets bien clairs, 700 g de beurre, 1 verre d'huile de tournesol, 1/2 verre de cognac, 15 g de sel, 5 g de poivre, 3 g de quatre-épices.

Faire dénerver les foies par le volailler.

Préparer la marinade : dans un saladier, mettre l'huile, puis le cognac, le sel, le poivre et les quatre-épices. Déposer les foies dans la marinade. Mettre au frais 12 h.

Après ce temps, verser les foies et la marinade dans une terrine et couvrir.

Préchauffer le four à 110 °C (th. 3-4). Enfourner au bain-marie pendant 45 mn. Sortir du four. Laisser refroidir. Égoutter. Jeter le jus de cuisson.

Ramollir le beurre. Dans le mixer, broyer les foies, incorporer le beurre en parcelles. Bien mélanger.

Laver, sécher votre terrine et la tapisser de papier film. Verser la préparation, recouvrir du film et mettre au frais 24 h.

Servir ce Parfait avec de larges tranches de pain de campagne grillées, accompagné d'une salade de mesclun.

Les foies de volaille doivent être très fermes et de couleur claire. Éviter les foies sous vide qui baignent dans leur jus. Le Parfait de foies blonds peut se substituer à un foie gras.

VIN
Menetou-Salon, vin de Loire qui allie souplesse et éclat.

La Terrine à l'agneau en gelée de thym citron

Préparation : 1 h, la veille
Cuisson : 1 h 30 mn
Réalisation : assez difficile

Pour 10 personnes

1 épaule d'agneau désossée, 3 langues d'agneau, 4 ris d'agneau, 300 g de gorge de porc, 50 g de mie de pain, 3 oignons, 2 gousses d'ail, 200 g de haricots verts fins, 1 barde de lard, 1/2 pied de veau, 4 feuilles de gélatine, 5 oeufs, 1 petit verre de cognac, 1 gros bouquet de thym/citron, 1 cuillère à café de cumin, 1 cuillère à café de quatre-épices.
Pour le court-bouillon : 2 carottes, 1 oignon, 1 branche de céleri, 1 clou de girofle, 5 l d'eau.
1 terrine en terre de 30 cm.

Le court-bouillon : éplucher les carottes et l'oignon piqué du clou de girofle, mettre dans un faitout, ajouter un brin de thym et un peu de cumin. Verser l'eau et chauffer 5 mn. Ajouter le demi-pied de veau, l'épaule et cuire doucement 1 h. Ajouter les langues et la gorge de porc coupées en dés.

Laisser cuire 30 mn, puis prélever deux petites casseroles de court-bouillon, amener à petite ébullition. Faire mijoter dedans les ris d'agneau 5 mn, les retirer puis plonger les cervelles 3 mn, laisser refroidir dans la casserole.

Cuire les haricots verts à l'eau bouillante.

Passer la gorge cuite au hachoir avec le foie cru, les oignons pelés et émincés, la moitié de l'épaule cuite (réserver les jolis morceaux pour le montage).

Tremper la mie de pain dans du lait.

Désosser et couper en petits dés le pied de veau.

Mettre les viandes hachées dans un saladier avec les oeufs, la mie de pain, le thym émietté, le reste du cumin, les quatre-épices, cognac, sel, poivre. Mélanger et déposer au froid 2 h.

Tapisser le fond et les parois de la terrine avec la barde de lard, déposer une couche de farce sur 2 cm. Effeuiller l'épaule d'agneau sur la farce, recouvrir à nouveau d'une couche de farce, puis d'une couche de langues d'agneau émincées, quelques carottes du court-bouillon, puis la farce, puis les cervelles coupées en deux et les haricots verts, le thym, les ris d'agneau, la farce pour recouvrir. Couvrir de lanières de bardes de lard.

Cuire au bain-marie 1 h 30 mn. Laisser refroidir et mettre au frais.

Pour la gelée : prélever quatre louches de bouillon, les faire chauffer et y dissoudre les feuilles de gélatine préalablement ramollies dans l'eau froide. Laisser tiédir et verser sur la terrine en la piquant pour faire pénétrer la gelée. Mettre au frais une nuit avec un poids dessus.

VIN
Rouge léger ou rosé.

Les Petits Violets et Saint-Jacques en barigoule

Préparation : 30 mn
Cuisson : 20 mn
Réalisation : facile

Pour 6 personnes

12 petits artichauts violets, 6 noix de Saint-Jacques, 3 carottes en petits dés, 6 champignons de Paris en petits dés, 100 g de lardons, 2 oignons hachés, 2 gousses d'ail hachées, 1/2 l de vin blanc, 1 bouquet de thym frais, cerfeuil, 12 cl d'huile d'olive, 1 pointe de couteau de safran, 50 g beurre, sel, poivre.

Parer les artichauts en ôtant quelques feuilles autour et en coupant les pointes.

Dans une sauteuse, chauffer l'huile, dorer les oignons hachés, ajouter les carottes puis les artichauts parés. Bien remuer, saler, poivrer, ajouter les champignons, le thym puis les lardons blanchis. Mouiller avec le vin blanc. Réduire du tiers. Ajouter l'ail, réduire encore et couvrir. Ajouter le safran. Vérifier la cuisson des artichauts avec la pointe d'un couteau.

En finale de cuisson, sortir les artichauts, filtrer la garniture et remplir le cœur avec cette garniture. Disposer dans un plat allant au four et réserver.

Pendant ce temps, chauffer une poêle antiadhésive. Tremper les noix de saint-jacques dans un beurre fondu et les saisir sur un côté 2 mn. Saler et poivrer du moulin, sortir les noix.

Disposer les noix de saint-jacques chacune dans un artichaut. Déglacer la poêle avec le jus de cuisson safrané et le verser sur les artichauts.

Décorer de cerfeuil.

Vin
Châteauneuf-du-Pape blanc, vin puissant, belle intensité aromatique.

Les Œufs cocotte en pâtisson

Préparation : 10 mn
Cuisson : 20 mn
Difficulté : aucune

Pour 6 personnes

6 petits pâtissons, 6 œufs, 100 g de crème fraîche, 150 g de râpé, 50 g de chapelure fine, 30 g de levure, 1 noisette de beurre, sel, poivre.

Ôter en creusant le chapeau des pâtissons et les cuire 10 mn à la vapeur du couscoussier.

Au moment de passer à table, casser un œuf dans chaque pâtisson, ajouter 1 cuillère à soupe de crème épaisse. Couvrir de gruyère et de chapelure. Ajouter une noisette de beurre, saler et poivrer.

Mettre dans un plat à gratin avec un demi-verre d'eau. Saler et passer au four à 180 °C (th. 6) pendant 10 mn pour gratiner.

Le pâtisson est une variété de petite courge. On l'appelle bonnet d'évêque ou artichaut de Jérusalem. Sa chair, d'un blanc laiteux sous une peau verdâtre, est légèrement sucrée. Une saveur proche de celle de l'artichaut.

Vin
Beaujolais vif et frais.

La Salade de petits violets à l'anchoïade

Préparation : 15 mn
Cuisson : 5 mn
Réalisation : facile

Pour 6 personnes

10 petits artichauts violets en bouquet, 1 mélange de petites salades très tendres (roquette, mesclun et pousses d'épinards), 10 cl d'anchoïade (recette p. 177), 1 petite boîte d'anchois à l'huile, 6 œufs mollets, 3 citrons, 1 bouquet de coriandre fraîche.

Pour les œufs mollets : plonger les œufs dans une casserole d'eau bouillante, attendre la reprise de l'ébullition et compter 5 mn. Rafraîchir immédiatement. L'écalage est un peu délicat, on fendille les œufs en les faisant rouler sur une surface plane, puis on ôte la coquille tout doucement.

Débarrasser les artichauts de leurs premières feuilles dures, casser la queue, couper le bout des feuilles piquant. Les ouvrir en deux, gratter le foin. Bien citronner et garder dans une bassine d'eau fraîche avec deux demi-citrons. Laver et essorer le mélange de petites salades, les déposer dans un saladier. Émincer les artichauts, les ajouter à la salade, décorer de petits filets d'anchois, asperger d'anchoïade.

Disposer les œufs et pratiquer une petite entaille pour que le jaune s'écoule dans la salade. Décorer de feuilles de coriandre fraîche et servir l'anchoïade à côté.

L'artichaut introduit en France au début du XVIIIe siècle, était surtout utilisé comme un remède. Le Traité des Aliments de Louis Lemery enseignait : « ils conviennent aux vieillards et aux tempéraments flegmatiques et mélancoliques ». Il a également la réputation d'être un aliment aphrodisiaque, d'où l'interdiction pour les femmes de le consommer. Mieux vaut les choisir petits pour les manger crus, avec les feuilles cassantes et brillantes, bien serrées.

VIN
Coteaux d'Aix-en-Provence rosé, vin équilibré et vigoureux.

Buisson d'asperges à l'œuf cassé

Préparation : 20 mn
Cuisson : 20 à 30 mn
Réalisation : un peu délicate pour la cuisson des œufs

Pour 6 personnes

2 belles bottes d'asperges vertes, 6 œufs cuits mollets et refroidis, 30 g de chapelure fine, 30 g de beurre fondu, gros sel, 1 bassine de friture, quelques branches d'estragon.

Éplucher, laver et sécher les asperges. Les lier en botte et égaliser les tiges. Chauffer une grande quantité d'eau, ajouter une poignée de gros sel (10 g au litre). Quand l'eau commence à bouillir, plonger les asperges. Compter de 20 à 30 mn suivant leur grosseur. Rafraîchir et égoutter sur un linge.

Pendant ce temps, cuire les œufs mollets 5 mn, rafraîchir et écaler délicatement.

Chauffer la friture. Enduire les œufs de beurre fondu, puis les rouler dans la chapelure et les mettre immédiatement dans la friture très chaude pendant 2 mn. Égoutter sur un papier absorbant.

Dresser les asperges sur une assiette, poser un œuf mollet par-dessus, décorer d'estragon ciselé.

Chaque convive coupe son œuf qui coule alors sur les asperges. J'ajoute à cette préparation une petite sauce mousseline à l'estragon.

VIN
Muscat d'Alsace, belle fraîcheur.

Le Navarin de chevreau avec tous les légumes *du printemps*

Préparation : 30 mn
Cuisson : 45 mn
Réalisation : assez facile

Pour 6 personnes

1,5 kg environ de chevreau découpé, non désossé (épaules, côtes, gigotin), 4 tomates pelées, 30 g de beurre, 10 petites pommes de terre, 1 dl d'huile, 10 carottes fanes, 6 petits navets fanes, 1 poignée de petits pois frais écossés, 1 poignée de haricots verts épluchés, 1 poignée de pois gourmands, 1 poignée de fèves cuites et pelées, 6 petits oignons, 3 gousses d'ail, 1 pincée de sucre, 2 cuillères à soupe de farine, 1 bouquet garni, 30 g de lardons, 1 gros oignon haché, 2 carottes, cerfeuil frais.

Éplucher tous les légumes.

Pour la viande : dans une cocotte en fonte, chauffer l'huile et le beurre, faire dorer la viande découpée en morceaux réguliers, ajouter le gros oignon et l'ail hachés, puis les deux carottes coupées en rondelles. Saler, poivrer. Lorsque la viande est bien rissolée, ôter une partie de la graisse, saupoudrer de sucre, bien mélanger et laisser légèrement caraméliser. Ajouter la farine. Mélanger et laisser blondir.

Mouiller d'eau à hauteur, ajouter les tomates fraîches pelées et le bouquet garni. Porter à ébullition, puis cuire doucement au four à couvert durant 40 à 45 mn. Après ce temps, ôter la viande du four, éliminer les plus gros os et réserver.

Glacer les petits oignons à la poêle, avec une noisette de beurre. Réserver. Dorer les lardons. Réserver.

Cuire successivement tous les légumes à l'eau bouillante salée dans une petite casserole. À mi-cuisson, égoutter et réserver. Passer à l'huile les pommes de terre, les faire rissoler à la poêle 5 mn.

Dégraisser la première cuisson de la viande. Remettre à feu doux et plonger la viande, les pommes de terre, oignons, lardons, carottes et navets, ramener à ébullition. Au dernier moment, ajouter les haricots verts, les pois gourmands, les petits pois et les fèves.

Servir en cocotte, décorer de cerfeuil frais.

Si ce n'est plus la période du chevreau, utiliser une petite épaule d'agneau. Ce plat est encore meilleur réchauffé et peut donc se préparer la veille.

Vin

Pauillac, vin du Médoc, souvent à attendre ou Côtes du Lubéron, domaine de la Citadelle, bouche très arrondie.

Le Petit Gratin de courgette à l'ail doux

Préparation : 20 mn
Cuisson : 10 mn
Réalisation : très facile

Pour 4 personnes

2 courgettes moyennes bien fermes, 2 gousses d'ail nouveau, 2 œufs entiers, 3 cuillères à soupe de crème fraîche épaisse, 1 petit verre de lait, 1 pincée de fleurs de thym frais, beurre, sel, poivre, 4 petits plats à œufs en porcelaine.

Laver et essuyer les courgettes, les couper en très fines rondelles. Beurrer les plats, disposer les courgettes dans les moules comme pour une tarte.

Battre les œufs dans un bol avec la crème fraîche, le lait, le thym et l'ail pressé. Saler, poivrer et répartir cette préparation sur les courgettes.

Cuire à four à 180 °C (th. 6) pendant 10 mn. Servir bien chaud.

Ce petit gratin accompagne merveilleusement bien un plat d'agneau.

Vin

Côtes du Ventoux rouge, Château blanc.

La Tarte à l'envers de lapereau à la tapenade

Préparation : 30 mn
Cuisson : 15 mn
Réalisation : difficile

Pour 6 personnes

200 g de concassé de tomates (recette p. 176), 4 râbles de lapereau avec leurs foies et rognons, 6 tomates mûres mais fermes, 150 g de tapenade noire maison (recette p. 177), 2 échalotes, 1 bouquet de basilic, huile d'olive, sel, poivre du moulin, 6 aubergines longues, 300 g de pâte feuilletée, 1 moule à manqué.

Couper les aubergines non pelées en fines rondelles. Les dorer 2 mn à la poêle dans l'huile d'olive. Saler, poivrer, égoutter sur du papier absorbant, réserver.

Peler les tomates et les couper en rondelles. Mélanger tapenade et concassé. Hacher les échalotes, les fondre à la poêle avec l'huile d'olive et ajouter les râbles de lapereau. Les saisir rapidement sur toutes les faces.

Huiler le moule à manqué. Émincer les râbles. Dans le moule, alterner les rondelles de tomates et d'aubergines, les morceaux de lapin, en rosace comme pour une tarte aux pommes. Recouvrir d'une fine couche du mélange tapenade et concassé. Étaler la pâte feuilletée en un rond plus grand que le moule. Le poser au-dessus de la préparation, rentrer les bords et piquer la pâte. Conserver au froid 10 mn.

Cuire la tarte à four chaud 200 °C (th. 6-7) pendant 15 mn. Lorsque la pâte est dorée, démouler sur un grand plat de service comme une tatin.

Poêler les foies et les rognons. Les émincer, puis les dresser en éventail au centre de la tarte. Décorer avec un bouquet de basilic.

Pour cette recette, choisir des tomates roma et bien les égoutter. Le feuilletage doit être froid pour garnir la tarte.

VIN

Lirac rosé, Château Saint Roch, une belle couleur.

Pavé de foies de veau au jus d'agrumes

Préparation : 20 mn
Cuisson : 10 mn
Réalisation : facile

Pour 6 personnes

1 morceau de foie de veau d'environ 1,2 kg, 3 pamplemousses, 4 oranges, 1,5 dl de Banyuls, 2 cuillères à soupe d'huile de tournesol, 50 g de beurre, 3 oignons rouges, 20 cl de pâte à tempura (recette p. 178), 1 bassine d'huile de friture.

Éplucher à vif (c'est-à-dire en ôtant les peaux blanches) deux pamplemousses et trois oranges. Détacher les quartiers et avec un couteau bien aiguisé, ôter la fine peau qui les recouvre. Presser le jus des autres fruits. Réserver.

Tailler six pavés dans le foie de veau.

Émincer les oignons en rondelles, les tremper dans la pâte à tempura, puis les plonger dans l'huile de friture. Égoutter sur un papier absorbant et réserver au chaud.

Au moment de servir, faire cuire à la poêle et à l'huile de tournesol le foie de veau. Retirer les morceaux sur un plat chaud et réserver.

Jeter le gras de cuisson, déglacer le fond de la poêle avec le jus d'agrumes et le Banyuls, laisser réduire d'un tiers. Monter la sauce au fouet en incorporant le beurre en parcelles.

Dresser les pavés sur un joli plat, entourés de quartiers d'agrumes. Napper de sauce et décorer des beignets d'oignons.

VIN

Laudun, Côtes du Rhône village, domaine Pelaquié.

Le Goûter des enfants

En ce joli mercredi de mai, les enfants ont envahi la maison ; Chiara, notre petite fille, reçoit ses cousines pour un goûter champêtre.

C'est l'occasion pour moi de jouer la « mamie gâteaux ». Philippe, le papé, descend du grenier ses trésors, le croquet et le jeu de la grenouille pour amuser les plus grandes. J'ai fait le cake amandes et noisettes que Séverine et Marion adorent, et la tarte aux fraises pour Estelle. Annick, mon amie normande m'a confié la recette du gâteau aux pommes de sa grand-mère. Chiara, la gourmande, lèche ses petits doigts trempés dans la mousse chocolat-caramel, tandis qu'Olivia et Manon servent gentiment le chocolat dans les bols. Cocktail de fruits, jus d'orange, grenadine et petits fruits rouges accompagnent ces desserts. Pour les parents, on servira le muscat de Beaumes de Venise ou un vieux Banyuls aux aromes de café.

Quelle bonne journée ce goûter d'enfants !

Les Petits Pots de mousse chocolat-caramel

Préparation : 30 mn
Cuisson : 10 mn
Réalisation : assez difficile

Pour 12 petits pots ou un grand saladier

250 g de bon chocolat noir haché, 80 g de sucre semoule, 6 jaunes d'œufs, 600 g de crème fleurette.

Faire le caramel à sec en chauffant le sucre à feu doux. Arrêter la cuisson et verser délicatement 150 g de crème liquide. Bien mélanger. Ajouter les jaunes d'œufs et cuire très doucement comme une crème anglaise. Verser cette crème avec un tamis sur le chocolat haché. Lisser à la spatule, laisser tiédir.

Fouetter le reste de la crème afin d'obtenir une consistance mousseuse et non une chantilly. Mélanger délicatement cette préparation à la crème au chocolat et verser dans des petits pots ou une jolie coupe.

Mettre au frais.

Le caramel donne un léger goût d'amertume à cette mousse. Mi-sucrée, mi-amère, elle peut être une base pour fourrer une génoise ou un fond de meringue.

Le « Tout-Pomme » d'Annick

Préparation : 10 mn
Cuisson : 30 mn
Réalisation : assez facile

Pour 6 personnes

5 pommes acides (calville ou granny), 5 cuillères à soupe de farine tamisée, 5 cuillères à soupe de sucre, 5 cuillères à soupe d'huile, 1/2 sachet de levure chimique, 5 cuillères à soupe de calvados, 4 œufs, 100 g de beurre salé fondu, 150 g de sucre ou de miel.

Peler les pommes et les couper en quartiers. Les mettre à mariner dans le calvados.

Dans un saladier, mélanger au fouet la farine, cinq cuillères à soupe de sucre, l'huile, la levure et deux œufs battus. Verser ce mélange dans un moule à manqué beurré et fariné.

Ajouter les quartiers de pommes et le calvados. Préchauffer le four à 170 °C (th. 5). Enfourner pour 20 mn.

Pendant ce temps, mélanger les deux œufs restants et le beurre fondu, le sucre ou le miel. Verser cette préparation sur le gâteau aux pommes et recuire 10 à 15 mn à 200 ° (th. 6-7).

Sortir du four et démouler tiède.

J'ai dégusté ce gâteau aux pommes chez nos amis Jojo et Annick Gaillard, heureux propriétaires du Manoir de Saint Barthélémy, lieu de rêve où il règne un micro-climat propre à la culture des palmiers.

Vin

Calvados de chez Groult.

La Tarte aux fraises « gariguette »

Préparation : 30 mn
Cuisson : 20 mn
Réalisation : facile

Pour 6 personnes

200 g de pâte sablée sucrée, 150 g de crème chiboust, 250 g de fraises « gariguette », 1 cuillère à soupe de sucre glace, menthe fraîche, 1 moule à tarte à fond amovible de 27 cm de diamètre.

Foncer le moule à tarte à fond amovible avec une abaisse de pâte sablée sucrée sur une épaisseur de 2 cm. Mettre au four 20 mn à 180 °C (th. 6).

Étaler la crème chiboust puis disposer les fraises lavées et équeutées. Saupoudrer d'un nuage de sucre glace et décorer de menthe fraîche.

Il faut toujours laver les fraises avant de les équeuter, et surtout éviter trop de manipulation.

Le Cake amandes-noisettes

Préparation : 15 mn
Cuisson : 30 à 35 mn
Réalisation : très facile

Pour un cake de 6 personnes

100 g d'amandes (si possible fraîches), 100 g de noisettes, 3 œufs, 200 g de sucre, 2 cuillères à soupe de fleur d'oranger, 30 g de farine tamisée, 30 g de poudre d'amandes, 90 g de beurre ramolli en pommade, 1 moule à cake.

Broyer grossièrement les amandes et les noisettes au mixer (on doit sentir les morceaux).

Blanchir au fouet les œufs et le sucre.

Ajouter la farine tamisée et la poudre d'amandes. Ajouter progressivement le beurre ramolli, les fruits secs, puis la fleur d'oranger.

Beurrer et fariner un moule à cake. Verser la préparation aux deux tiers.

Préchauffer le four à 170 °C (th. 6-7). Enfourner pour 30 à 35 mn. Vérifier la cuisson à la lame du couteau qui doit ressortir propre.

C'est un délicieux gâteau pour le thé ou le goûter des enfants, je vous conseille de l'accompagner d'une bonne marmelade d'orange maison.

La Marmelade abricots-amandes

Préparation : 10 mn
Cuisson : 35 mn
Réalisation : très facile

1 kg d'abricots bien mûrs et bien sucrés, 15 g de beurre, 400 g de sucre, 1 pot de miel de 150 g, 1 poignée d'amandes mondées ou mieux d'amandes fraîches.

Laver les abricots, les dénoyauter. Recouper chaque oreillon en deux. Chauffer une sauteuse et faire fondre le beurre, ajouter les fruits puis le sucre, bien mélanger, ajouter les amandes et le miel. Cuire 35 à 40 mn en remuant souvent.

Laisser refroidir et mettre dans une coupe ou dans des petits pots de verre.

La Tarte au citron meringuée

Préparation : 30 mn
Cuisson : 20 mn
Réalisation : assez facile

Pour 1 tarte de 6 personnes

200 g de pâte sablée sucrée (recette p. 178), le zeste et le jus de 3 citrons râpés, 50 g de beurre fondu, 3 œufs entiers + 2 jaunes, 180 g de sucre, 150 g de crème fraîche.
Pour la meringue : 3 blancs d'œufs, 180 g de sucre glace, 30 g de sucre en poudre.
1 moule à tarte à fond amovible.

Préparer la garniture : dans le mixer, mettre les œufs, le jus de citron, les jaunes, le sucre, la crème fraîche, mixer et ajouter le beurre fondu tiède.

Foncer un moule à tarte à fond amovible, piquer la tarte et verser la garniture. Saupoudrer le haché de zeste et cuire au four à 170 °C (th. 5) pendant 30 mn. Réserver.

Préparer la meringue : monter les blancs en neige ferme, au bout de 5 mn, mettre le sucre glace. Battre puis, réduire la vitesse et mettre le sucre glace. Bien mélanger.

Remplir une poche à douille, munie d'une douille cannelée et garnir en spirale la tarte de meringue. Réduire le four à 150 °C (th. 4-5) et enfourner pour 10 à 12 mn.

Clafoutis aux cerises du mas

Préparation : 30 mn
Cuisson : 30 à 40 mn
Réalisation : facile

Pour 6 personnes

1,5 kg de cerises du jardin, 20 g de beurre mou, 4 œufs entiers, 4 cuillères à soupe de sucre.
Pour la crème : 200 g de sucre, 50 g de farine, 100 g de crème épaisse, 4 œufs.

Mettre les cerises dans un saladier avec le sucre et le beurre mou et mélasser pour imprégner les fruits.

Préparer la crème : dans le mixer, mettre les quatre œufs, le sucre, blanchir, ajouter la farine puis la crème.

Verser les fruits dans un plat allant au four et ajouter la crème. Enfourner pour 30 à 40 mn à 180 °C (th. 6).

Déguster tiède.

Le Gâteau « Rosita »

Préparation : 10 mn
Cuisson : 25 mn
Réalisation : assez facile

Pour 8 à 10 personnes

250 g de beurre, 250 g de sucre, 4 œufs, 1 cuillère à soupe de cannelle, 100 g de bon chocolat noir fondu, 250 g de poudre d'amandes. Pour le glaçage : 1 noisette de beurre, 1 cuillère à café d'extrait de café, 100 g de chocolat fondu, 150 g de sucre glace, 1 cuillère à soupe d'huile, 1 cuillère à soupe de cognac.

Dans le mixer ou au fouet, blanchir le beurre et le sucre. Ajouter les œufs un par un, puis la cannelle, le chocolat haché et fondu et enfin les amandes en poudre.

Beurrer et fariner un moule à manqué.

Préchauffer le four à 150 °C (th. 4-5). Enfourner pour 25 mn. Vérifier la cuisson à la lame du couteau.

Préparer le glaçage : mélanger le chocolat fondu au bain-marie et le sucre glace, la cuillère à soupe d'huile et l'extrait de café, le beurre fondu et enfin la cuillère à soupe de cognac. Quand le gâteau démoulé est bien froid, laisser couler le glaçage et étaler à la spatule.

Ce merveilleux gâteau gagne à être mangé un peu rassis. Il peut même être congelé. Rosita, mon amie de Londres, jolie bavarde et gourmande, grignote ce gâteau avec une tasse de thé.

Les Petites Madeleines dorées au miel d'acacia

Préparation : 15 mn, 1 h à l'avance
Cuisson : 10 mn
Difficulté : faible

Pour 6 personnes
4 madeleines par personne

100 g de sucre glace, 50 g de poudre d'amandes, 40 g de farine tamisée, 3 blancs d'œufs, 100 g de beurre fondu, 3 bonnes cuillères à soupe de miel, 1 moule antiadhésif à madeleines.

Chauffer le beurre jusqu'à couleur noisette (il doit sentir la noisette). Verser dans un bol et laisser refroidir pour que toutes les impuretés se déposent au fond du bol.

Dans un saladier, mélanger sucre glace, poudre d'amandes, farine. Battre les blancs d'œufs au fouet et les ajouter au mélange précédent. Incorporer ensuite le beurre noisette. Bien mélanger le tout et mettre au frais 1 h.

Mettre une cuillère à soupe de la préparation dans chaque forme à madeleine. Cuire 10 mn à 150 °C (th. 4-5). Démouler immédiatement.

Souvenir de la madeleine de Proust à se fondre de plaisir.

Le Déjeuner pour Pierre Arditi

Pierre est un ami gourmet et gourmand de la vie, qui se délecte quand il parle vin ou cuisine.

Pour un homme de l'art, l'ambiance de la table est importante, il aime les couleurs soleil pour la vaisselle. Les souvenirs des repas de son enfance chez sa grand-mère, contés un matin d'avril en sirotant un café, m'ont inspiré ces mets simples qu'il affectionne pour recevoir ses amis en Provence.

La Salade de tautènes ou petits calamars aux fleurs de capucine

Préparation : 35 mn
Cuisson : 35 mn
Réalisation : facile

Pour 8 personnes

2 kg de calamars frais, lavés et vidés, 300 g de concassé de tomates (recette p. 176), bien relevé, 200 g de crème fraîche épaisse, 1 petit piment frais, quelques fleurs de capucines du jardin, huile d'olive, gousses d'ail, sel, poivre.

Couper les calamars en morceaux, éplucher et hacher les gousses d'ail, écraser le piment.

Saisir les calamars à la poêle à feu vif, dans l'huile d'olive. Ajouter l'ail haché, le piment, le sel et le poivre.

Au bout de 7 mn, couvrir et baisser le feu. Continuer la cuisson pendant 35 mn. Laisser refroidir et récupérer le jus de cuisson.

Mélanger dans une casserole le concassé de tomates, la crème fraîche et le jus de cuisson, faire réduire 10 mn et laisser refroidir.

Au moment de servir, mettre les calamars dans un saladier, arroser de la sauce et bien mélanger. Décorer avec les fleurs de capucines.

Quelques graines de capucine semées dans un pot au bord d'une fenêtre suffisent pour colorer les salades d'été.

VIN

Crozes Hermitage blanc, vin des Côtes du Rhône, frais et floral à la fois.

La Soupe de tomates au thon

Préparation : 15 mn
Cuisson : 10 mn
Réalisation : facile

Pour 6 personnes

12 tomates mûres, 5 cl d'huile d'olive, 1 jus de citron, 3 échalotes hachées, 3 gousses d'ail hachées, basilic, sel de céleri, 20 cl de crème fleurette, 1 tranche de thon de 500 g, sel, poivre.

Peler les tomates. Pour cela, les tremper dans l'eau bouillante 3 mn.

Dans une sauteuse, chauffer l'huile d'olive, y jeter les échalotes hachées, laisser dorer, ajouter les tomates coupées en six, puis l'ail, le basilic, bien remuer, assaisonner du sel de céleri, sel, poivre. Laisser cuire à petit feu 10 mn.

Pendant ce temps, couper le thon en minuscules petits cubes, asperger de jus de citron et réserver au frais.

Mixer la préparation de tomates et garder au chaud.

Battre la crème fleurette en chantilly. Saler, poivrer, réserver.

Dresser la soupe de tomates dans les assiettes, ajouter les cubes de thon mariné, puis décorer d'une quenelle de crème fouettée, moulée à la cuillère. Décorer de basilic.

Cette soupe peut être servie froide en été.

VIN

Entre-deux-mers, vin situé entre la Dordogne et la Garonne, vif et aromatique.

Lasagnes de courgettes au cabillaud

Préparation : 30 mn
Cuisson : 20 mn
Réalisation : facile

Pour 6 personnes

8 courgettes moyennes, un morceau de cabillaud de 600 g, 6 filets d'anchois à l'huile, 200 g de parmesan, 1 gousse d'ail, sel, poivre, 1/2 l de court-bouillon corsé, 1 joli plat à gratin. Pour la béchamel : 25 g de farine, 30 g de beurre, 1/4 l de lait + 1/4 l de court-bouillon mélangés, sel, poivre.

Faire pocher le cabillaud à petits frémissements dans le court-bouillon pendant 8 mn. Le laisser refroidir. Filtrer le court-bouillon. Ôter la peau et les arêtes du cabillaud. Effeuiller le poisson.

Chauffer le lait et le court-bouillon, 1/4 l de chaque.
Pour la béchamel : faire fondre le beurre dans une casserole, y jeter la farine en tournant à la cuillère de bois. Dès que le mélange mousse, incorporer le liquide petit à petit, hors du feu, sans cesser de tourner. Remettre sur le feu en tournant. Incorporer les anchois, poivrer.
Râper le parmesan. Laver, essuyer les courgettes. Les détailler en fines lamelles dans la longueur.
Beurrer et frotter d'ail le plat à gratin, le tapisser d'une couche de lamelles de courgettes, recouvrir de l'effeuillé de cabillaud (lamelles de chair), d'une couche de béchamel, saupoudrer de parmesan, renouveler l'opération jusqu'à épuisement des ingrédients en terminant par une couche de courgettes. Saupoudrer de parmesan. Cuire à four chaud à 240 °C (th. 8) pendant 15 à 20 mn.

Ce plat est une variante des lasagnes classiques pour un repas végétarien.

VIN
Pouilly-fumé, une bouche harmonieuse et droite.

Farandole de petits farcis aux mille senteurs

*Préparation : 1 h
Cuisson : 20 mn
Réalisation : assez difficile*

Pour 6 personnes

6 petites courgettes rondes, 1 courgette longue, 6 petites tomates roma, 6 mini aubergines, 6 oignons nouveaux, 1 gros oignon, 6 mini poivrons, 1 gros poivron, 6 têtes de champignons de Paris (conserver les pieds) et 2 champignons entiers, huile d'olive, sel, poivre.

Creuser les petits légumes à farcir et conserver les chapeaux. Les poser sur la plaque du four avec sel, poivre et un filet d'huile. Cuire 5 mn à 200 °C (th. 6-7). Préparer les farces.

Les courgettes : **150 g de brousse fraîche, 1 gousse d'ail, 2 branches de basilic haché, 1 cuillère à soupe de pignons de pin grillés hachés, 2 œufs, sel, poivre.**
Mélanger la chair de toutes les courgettes, couper en très petits dés, ajouter les éléments de la farce.

Les tomates : **2 tomates avec 200 g de reste de viande, 1 gousse d'ail, persil haché, 2 œufs, chapelure.**
Mélanger les ingrédients avec la chair de tomates.

Les aubergines : **2 anchois à l'huile hachés, 2 branches de basilic ciselé, 2 œufs.**
Mélanger la chair des aubergines avec la chair de deux tomates et les ingrédients.

Les oignons : **1 filet de vinaigre et 1 cuillère à soupe de grenadine.**
Hacher les oignons, ajouter le vinaigre, la grenadine, laisser confire doucement 10 mn.

Les poivrons : **2 œufs, 1 gousse d'ail hachée, 1 branche d'origan.**
Mélanger la chair des poivrons avec les œufs, l'ail, l'origan. Assaisonner.

Les champignons : **les pieds et les 2 champignons entiers, 2 échalotes, 20 g de beurre, 50 g de crème, 1 cuillère à soupe de coriandre hachée, 2 œufs.**
Mixer les champignons avec les échalotes. Poêler avec le beurre jusqu'à évaporation, ajouter la crème, la coriandre, les œufs. Assaisonner.

Laisser réduire les farces.
Garnir les légumes de leur farce. Dresser sur une plaque allant au four, couvrir des chapeaux.
Arroser d'un filet d'huile d'olive.
Recouvrir d'une feuille de papier d'aluminium et cuire 20 mn à 180 °C (th. 6).

Si vous ne trouvez pas de mini légumes, des aubergines et des poivrons tronçonnés feront l'affaire. Pour les champignons, on peut utiliser les champignons sauvages, la recette n'en sera que meilleure. Si vous désirez faire cette recette en hiver, faites un tour de marché et vous trouverez l'inspiration en voyant les navets, potirons, carottes, etc.

VIN
Saint Joseph rouge, vin distingué et élégant.

Les Volailles du dimanche à la brousse

Préparation : 40 mn
Cuisson : 1 h
Réalisation : facile

Pour 12 personnes

1 poulet fermier de 2 kg (vidé et dont la peau sera décollée par le volailler), 1 pintade vidée et ficelée, 2 pigeons vidés, 500 g de raisins frais, pelés (muscat), 1 oignon, 50 g beurre, huile, sel, poivre.
Farce du poulet : 30 g de beurre, 30 g de brousse, 1 bouquet d'herbes mélangées (estragon, cerfeuil, coriandre), sel, poivre.
Farce des pigeons : foies et cœurs de pigeons, 2 échalotes, 2 œufs, 1 trait d'armagnac, 100 g de mie de pain rassis, lait, sel, poivre, 6 grains de genièvre.
Matériel : ficelle fine, aiguille à brider.

Le poulet : mixer le beurre mou et la brousse. Incorporer à cette pommade les herbes hachées, le sel et le poivre. Glisser cette préparation sous la peau du poulet à l'aide d'une poche à douille.
Brider le poulet à l'aide de la ficelle fine et coudre les extrémités. Mettre le poulet dans la lèchefrite huilée, disposer des noisettes de beurre sur la volaille et commencer à la faire rôtir à four chaud, arroser de temps en temps et compter 45 mn.
La pintade : saler, poivrer la pintade, la masser avec un peu d'huile, disposer quelques noisettes de beurre, l'ajouter dans le four 10 mn après le début de la cuisson du poulet.
Les pigeons : faire tremper la mie de pain dans du lait puis la presser. Hacher foies et cœurs et les ajouter à la mie de pain avec les œufs puis les échalotes hachées, l'armagnac, le genièvre écrasé, sel, poivre. Farcir les pigeons avec ce mélange, les brider et les cuire dans une cocotte avec huile et beurre. Compter 20 mn, les retourner.

Finitions : éplucher la moitié des grains de raisins, presser le jus de l'autre moitié. Éplucher et émincer l'oignon, le dorer à la cocotte, ajouter les grains de raisins. Sortir la pintade du four et la mettre dans la cocotte, ajouter le jus de raisins, sel, poivre, cuire encore 5 mn. Présenter les volailles ensemble sur un grand plat, accompagnées de pommes de terre, les sauces à part.

VIN
Cornas de chez Clape, vin viril qu'il faut attendre.

Les Pommes de terre aux oignons

Préparation : 10 mn
Cuisson : 25 à 30 mn
Difficulté : aucune

Pour 6 personnes

1,5 kg de pommes de terre rates ou charlottes, 3 cuillères à soupe de graisse d'oie, 3 oignons émincés, sel, poivre, 1 bouquet de cerfeuil.

Éplucher et couper en rondelles les pommes de terre. Chauffer la graisse d'oie dans une cocotte en fonte et faire bien dorer les pommes de terre. Couvrir et laisser cuire 20 mn. Remuer de temps en temps, saler et poivrer. Au bout de ce temps, ôter du feu pour les faire transpirer.
Émincer les oignons et les ajouter aux pommes de terre, remettre à chauffer et dorer l'ensemble. Cuire encore 10 à 15 mn. Assaisonner.
Servir dans la cocotte, saupoudrer de cerfeuil.
Ce plat très simple accompagne les volailles du dimanche à la brousse.

VIN
Même vin que pour la recette précédente.

La Salade de fruits d'automne

Préparation : 25 mn
Réalisation : facile

Pour 6 personnes

2 grappes de raisins noirs (muscat), 2 grappes de raisins blancs (muscat), 6 figues fraîches, 10 cl de muscat de Beaumes de Venise, 4 cl de sirop de sucre, 1 gousse de vanille, 6 feuilles de menthe.

Éplucher les raisins noirs et blancs, les mettre dans un compotier. Éplucher et couper les figues en rondelles, les ajouter aux raisins.

Pour le sirop : faire bouillir 400 g de sucre dans 1 l d'eau pendant 20 mn, puis laisser refroidir. Mélanger le muscat et le sirop de sucre, verser sur les fruits. Ajouter la moitié des feuilles de menthe ciselées et mettre le tout à macérer 1 h au frais.

Ajouter la gousse de vanille grattée.

Servir cette salade de fruits bien fraîche et saupoudrer de menthe ciselée.

Le muscat blanc d'Alexandrie à la pulpe charnue et musquée et le muscat noir de Hambourg à la peau plus fine s'accordent dans cette recette d'automne.

Vin
Le muscat de la recette.

La Soupe de pêches à la verveine

Préparation : 15 mn, la veille
Cuisson : 30 mn pour le sirop
Réalisation : facile

Pour 6 personnes

2 kg de pêches blanches bien mûres, 10 cl de jus de citron, 1 l de sirop de sucre fait avec 1 l d'eau et 500 g de sucre, 1 bouquet de verveine et quelques feuilles de verveine fraîche.

Faire bouillir l'eau et le sucre 30 mn, y ajouter la verveine à infuser (il doit rester 1 l).

Peler les pêches en les trempant 2 mn dans l'eau bouillante. Ôter les noyaux. En réserver 1 kg.

Mixer le reste et l'ajouter au sirop refroidi. Verser le jus de citron et réserver au frais.

Le jour même, couper l'autre kilo de pêches pelées et l'ajouter à la soupe.

Servir très frais et décorer de feuilles de verveine fraîche.

Vin
Vin de pêches.

Le Déjeuner d'amis

Un matin, tout début juillet, il souffle un air de vacances au Mas. Nous retrouvons, comme chaque été, quelques très bons amis de passage dans notre belle région.

Pour l'occasion, je concocte un déjeuner sous le vieux tilleul de la cour. Quelques proches nous rejoignent pour trinquer, mais finalement ils resteront sans se faire prier, pour partager notre repas improvisé. En bruit de fond, les cigales... on s'échange des souvenirs, on parle de « bonne bouffe », on rit plus fort. Rien ne semble plus beau que le bonheur de se retrouver. Peu à peu, la table se couvre de bonnes choses : une petite soupe de tomates, un tian d'agneau, une succulente polenta, puis quelques fruits rouges viendront clôturer notre petite fête.

« À l'an que ven... ».

Le Sablé vert et tomates en l'air

Préparation : 15 mn la veille + 20 mn le jour même
Cuisson : 15 à 20 mn
Réalisation : facile

Pour 4 personnes

La pâte sablée verte : 120 g de farine, 60 g de beurre, 1 œuf, 10 brins de persil plat, 10 brins de ciboulette, sel.
La garniture : 300 g de grosses tomates bien mûres, 6 petites tomates, 4 oignons doux.
50 g de beurre, 1 filet d'huile d'olive, 1 pincée de thym frais, 1 pincée de sucre, fleur de sel, poivre.

Préparer la pâte de préférence la veille pour la laisser reposer. Pour cela, ciseler le persil et la ciboulette, mettre farine et herbes dans le bol du mixer et mixer jusqu'à ce que la farine soit verte. Malaxer le beurre et le sel, ajouter l'œuf puis la farine verte, ne pas trop travailler. Rassembler en boule, envelopper d'un film plastique et réserver au frais.

Pour le confit d'oignons : faire fondre le beurre dans une sauteuse, ajouter les oignons épluchés et émincés, le sel, le poivre, couvrir. Les laisser compoter 20 mn à feu doux. Ils doivent être transparents sans prendre couleur. Garder au chaud.

Éplucher, épépiner les grosses tomates, les hacher, saler et poivrer, les déposer dans une passoire.

Allumer le four à 220 °C (th. 7).

Étaler la pâte sur une tôle beurrée et farinée en un rectangle de 28 cm x 17 cm (ou mieux, sur un papier spécial pâtisserie). Relever les bords sur 2 cm en pinçant les angles, les maintenir à l'aide d'une bande de papier d'aluminium roulé. Faire cuire 15 mn en surveillant la cuisson.

Finitions : laver, essuyer les petites tomates, les couper en quartiers. Mélanger le confit d'oignons et le concassé de tomates, étaler ce mélange sur le fond de tarte. Ranger soigneusement les quartiers de tomates par-dessus. Saupoudrer de fleur de sel et d'une pincée de sucre. Arroser d'un filet d'huile d'olive. Passer quelques instants sous le gril du four en surveillant. Saupoudrer de thym frais.

Une bonne idée pour égayer la traditionnelle pizza.

VIN
Vin rouge léger, légèrement rafraîchi.

Ma soupe fraîcheur à l'olivette

Préparation : 20 mn
Cuisson : 5 mn, la veille
Réalisation : facile

Pour 6 personnes

1 kg de tomates olivettes, 2 cuillères à soupe de vinaigre balsamico, 50 g de tapenade maison (recette p. 177), 2 tranches de pain de mie, 1 jet de tabasco, 10 cl d'huile d'olive, 1/2 cuillère à café de sucre, sel, poivre, 4 petites cébettes, 1 échalote hachée, 2 gousses d'ail hachées, quelques croûtons.

Peler les tomates, pour cela les tremper 2 mn dans l'eau bouillante pour ôter la peau, les écraser. Chauffer l'huile d'olive avec l'ail et l'échalote, ajouter les tomates, cuire 5 mn et ensuite passer au moulin à légumes (grille fine). Ajouter le vinaigre, le tabasco, sel, poivre et sucre. Mettre au frais une nuit.

Couper le pain de mie en petits carrés. Dorer à la poêle. Les tartiner de tapenade. Ciseler très finement les cébettes. Pour servir la soupe, décorer de croûtons et saupoudrer de cébettes ciselées.

Les cébettes sont des petits oignons nouveaux avec une tige bien verte que je ciselle pour agrémenter mes salades d'été ou mes soupes fraîches. Les tomates doivent être très mûres pour donner une belle couleur à cette soupe.

VIN
Vin blanc, frais et vif.

L'Encornet
comme les pieds et paquets
de chez nous

Préparation : très longue, à débuter la veille
Cuisson : 2 h
Réalisation : difficile

Pour 8 personnes

6 encornets moyens (calamars), 1 pied de veau, 6 pieds d'agneau, 5 tomates, 4 gousses d'ail dégermées, 1/2 l de vin blanc sec, 1/2 l d'eau, 3 cl de cognac, 1 mirepoix faite de 150 g de carottes, 100 g d'oignons, 50 g de céleri en branche, 1 branche de thym, 1/2 feuille de laurier, 1 bouquet garni, 3 cuillères à soupe d'huile d'olive, sel, poivre.
Pour la farce : 250 g de persil haché, 300 g de petit salé, sel, poivre du moulin.

Nettoyer les calamars et les conserver au frais. Flamber, gratter les pieds, pour éliminer les poils.

Préparer la mirepoix : éplucher et détailler les légumes en petits dés. Chauffer l'huile d'olive dans une casserole, y verser tous les légumes, la branche de thym et la demi-feuille de laurier. Bien remuer.

Dans une cocotte en fonte, disposer la couenne du petit salé et la moitié de la mirepoix, poser les pieds dessus, puis les tomates coupées en quartiers. Mouiller avec le vin blanc puis l'eau. Saler, poivrer, ajouter l'ail et le bouquet garni.

Cuire 1 h 30 mn à couvert.

Laisser refroidir, puis désosser les pieds. Hacher le pied de veau. Le remettre dans la sauce. Réduire la sauce d'un tiers.

Remplir les calamars avec d'une part, les pieds désossés et d'autre part, une farce composée de persil et de petit salé haché. Assaisonner.

Coudre les orifices pour emprisonner la farce.

Dans une sauteuse, faire revenir le reste de mirepoix à l'huile d'olive, ajouter les calamars flambés au cognac, saler, poivrer. Verser le concassé de tomates, la sauce de cuisson des pieds réduite et cuire encore 30 mn. Réserver les clamars et mixer la sauce.

Cette recette est une création et une interprétation très personnelle des traditionnels pieds et paquets à la marseillaise. Les pieds et paquets sont toujours meilleurs réchauffés.

VIN

Vin très structuré avec un vieillissement exceptionnel, Bandol rouge, domaine de Terrebrune.

Gratin de sardines aux herbes potagères

Préparation : 15 mn
Cuisson : 15 mn
Réalisation : facile

Pour 6 personnes

24 petites sardines écaillées et étêtées, 500 g d'épinards, 1 bouquet d'oseille, 100 g de concassé de tomates, 1 gousse d'ail hachée, 1 bouquet de romarin, 2 cuillères à soupe de pignons de pin grillés, sel, poivre, 2 cuillères à soupe d'huile d'olive.

Laver, équeuter les épinards et l'oseille, les blanchir. Disposer douze filets sur une plaque et couvrir les douze restants. Assaisonner. Réserver au frais.

Pour la farce : chauffer une casserole avec l'huile d'olive, ajouter l'ail haché, les épinards blanchis, le concassé. Laisser compoter 5 mn puis ajouter l'oseille, et les pignons de pin grillés.

Hacher grossièrement cette farce au couteau et en déposer 2 cuillères à soupe sur chaque sardine ouverte en deux. Recouvrir d'une autre sardine. Saler, poivrer, ajouter un filet d'huile d'olive et piquer d'une branchette de romarin. Enfourner à 230 °C (th. 8) pendant 5 mn.

Ces sardines sont excellentes un soir d'été au barbecue.

Vin
Clairette de Languedoc jeune.

La Charlotte d'agneau aux aubergines

Préparation : 30 mn, la veille
Cuisson : 1 h
Réalisation : assez difficile

Pour 6 personnes

1 épaule ou 1 gigot d'agneau désossé de 1,5 kg coupé en petits cubes, 6 ou 7 aubergines longues et fermes, 50 g d'oignons hachés, 3 g d'ail haché, 30 g de farine, 100 g de concassé de tomates (voir recette p. 176), 1 mélange d'épices composé de 2 cuillères à café de cumin, 1 cuillère à café de coriandre, 1 cuillère à café de cannelle, 1/2 cuillère à café de gingembre, 1 branche d'estragon ciselé, du thym frais, 1 piment oiseau, 1 petit morceau de gingembre confit, 1,5 l de vin blanc, le zeste blanchi d'une orange et d'un citron vert, 100 g de miel, sel, poivre, huile d'olive, basilic.

Dans une sauteuse avec l'huile d'olive, saisir de toutes parts les oignons hachés puis la viande, saupoudrer d'une pincée de farine, mouiller de vin blanc.

Ajouter les épices et les zestes hachés, le miel et le concassé de tomates puis l'ail haché.

Rectifier l'assaisonnement, cuire jusqu'à attendrissement et cuisson complète de la viande pendant 45 mn à 1 h. À ce moment, ôter la viande et laisser réduire la sauce aux trois-quarts.

Pendant ce temps, trancher les aubergines dans leur longueur et les badigeonner d'huile d'olive.

Les faire dorer sous le gril du four, les déposer sur un papier absorbant pour ôter l'excès de gras. Garnir le moule des lanières d'aubergines en rosace, remplir avec la viande, bien refermer les lanières et tasser avec une assiette et un poids.

Mettre au frais une nuit.

Au moment de dîner, chauffer au bain-marie, à feu doux 30 mn et démouler sur un joli plat. Décorer le centre avec du basilic, des tomate concassées, napper de sauce.

Cette charlotte d'agneau est depuis pas mal d'années mon plat fétiche. Elle est née un jour de Pâques, en plein coup de feu sur une erreur de présentation de recette. Le tian d'agneau, trop viril, est devenu grâce à un savant mélange d'épices, en souvenir de voyages lointains, une toute douce charlotte d'agneau aux aubergines.

VIN
Hermitage rouge, vin tanique à laisser vieillir.

Les Rognons de veau dorés au miel d'acacia

Préparation : 5 mn
Cuisson : 10 mn
Réalisation : assez facile

Pour 4 personnes

2 rognons de veau parés et dégraissés, 3 échalotes hachées, 50 g de beurre, 5 cl de vinaigre de cidre, 3 cuillères à soupe de miel d'acacia, 2 cuillères à soupe de madère, 10 cl de vin blanc, sel, poivre.

Émincer les rognons. Dans une poêle, faire chauffer 20 g de beurre, ajouter les échalotes, puis les rognons émincés. Les faire sauter rapidement. Ajouter le miel, mélanger puis déglacer au vinaigre.
Laisser évaporer et verser le vin blanc sans cesser de remuer. Saler, poivrer, ajouter le madère. Réduire la sauce et ajouter le reste du beurre en parcelles. Ôter les rognons. Réserver entre deux assiettes.
Réduire de nouveau la sauce à consistance sirupeuse.
Dresser les rognons dans un joli plat. Décorer avec les anneaux de beignets d'oignons (recette suivante).
La chair du rognon doit être très claire et bien ferme, ce sont des garanties de fraîcheur.

VIN
Vin pays des Baux, domaine de Trévallon, corsé au nez puissant.

Les Beignets d'oignons doux

Préparation : 5 mn
Cuisson : 5 mn
Réalisation : très facile

Pour 4 personnes

3 oignons, 150 g de pâte à tempura (recette p. 178).

Éplucher et couper en rondelles les oignons.
Séparer les anneaux, les tremper dans la pâte à tempura et les déposer immédiatement dans l'huile de friture amenée à 180 °C (th. 6). Dorer de toutes parts et égoutter sur du papier absorbant.
Ces anneaux dorés sont très appréciés à l'apéritif.

Le Gratin de légumes épicé

Préparation : 10 mn
Cuisson : 25 mn
Réalisation : facile

Pour 8 à 10 personnes

8 belles courgettes, 8 petites tomates bien fermes, 6 œufs, 6 cuillères à soupe de crème fraîche, 30 g de beurre, 2 gousses d'ail dégermées, 1 bouquet de thym frais, 1 pincée de curry, 1 pincée de cumin, 1 pincée de noix de muscade rapée, sel, poivre, 1 grand plat allant au four.

Laver les courgettes, les essuyer, les couper en fines rondelles. Éplucher les tomates, les couper en rondelles. Hacher les gousses d'ail. Beurrer le plat et le frotter d'ail.
Dans un saladier, battre les œufs, la crème, les épices, le thym émietté et le reste d'ail haché. Saler et poivrer.
Disposer dans le plat à gratin une rangée de rondelles de courgettes bien serrées puis, à côté, une rangée de rondelles de tomates. Continuer à remplir le plat jusqu'à épuisement des légumes. Mettre à précuire ces légumes 5 mn au four à 200 °C (th. 7).
Les sortir, verser le mélange œufs et crème par-dessus et remettre au four 20 mn.
Ce très bon gratin se sert avec le tian d'agneau.

VIN
Vin rosé de Loire, frais et léger.

Risotto de petits artichauts, lapereau et sel de romarin

Préparation : 40 mn
Cuisson : 20 mn
Réalisation : assez facile

Pour 6 personnes

1 petit lapin désossé, 4 foies de lapin, 6 petits artichauts, 300 g de riz rond, 150 g de parmesan, 2,5 l de bouillon de volaille, 1 bouquet de romarin fraîchement coupé au jardin, 150 g de beurre, 3 carottes, 2 oignons, 1 citron, huile d'olive, sel, poivre.

Ôter les premières feuilles un peu dures des petits artichauts. À l'aide d'un petit couteau, couper le bout des autres feuilles, ouvrir chaque artichaut en deux et ôter le foin, puis émincer finement. Arroser d'un jus de citron pour les empêcher de noircir.

Couper le lapin en petits cubes réguliers. Garder les pattes avant pour une autre recette. Dans une sauteuse, faire revenir les cubes de viande avec 3 cuillères à soupe d'huile. Les réserver au chaud dans un plat recouvert de papier d'aluminium.

À leur place, faire blondir les oignons coupés en dés. Réserver avec le lapin.

Verser le riz en pluie dans la sauteuse, dès qu'il est laiteux, le mouiller par louchées avec le bouillon brûlant en remuant sans cesse jusqu'à absorption du liquide. Couper les carottes en petits cubes, ciseler très finement les aiguilles de romarin, les ajouter au riz lorsqu'il fait « la crème » et ne craque plus sous la dent. Ajouter 125 g de beurre et le parmesan fraîchement râpé. Bien mélanger.

Poêler rapidement les foies dans un peu de beurre blond, saler, poivrer, les garder rosés.

Poêler les artichauts 3 mn dans 3 cuillères à soupe d'huile. Mouiller d'une goutte d'eau en cours de cuisson. Saler, poivrer.

Verser le risotto dans un moule huilé. Démouler sur un plat chaud, décorer de cubes de lapin, des foies émincés et des petits artichauts. Saupoudrer de sel de romarin et de branchettes.

Pour cette recette, utiliser des petits artichauts vendus en bouquets très tendres, appelés « petits violets » ou « poivrade ». Il faut un petit riz rond spécial risotto. Ce plat peut servir de plat unique pour une soirée de printemps.

VIN
Côtes de Lubéron, domaine de la Citadelle, rosé.

La Polenta à la poêle pour mon ami Hervé

Préparation : 5 mn
Cuisson : 15 mn
Réalisation : facile

Pour 4 personnes

200 g de semoule de maïs fine, 3 cuillerées à soupe d'huile d'olive, 40 g de beurre, 1 boule de mozzarella, 1/2 l de lait, 1/2 l de bouillon, 2 gousses d'ail hachées, 1 bouquet de basilic.

Faire chauffer une cuillerée à soupe d'huile d'olive, avec le beurre. Ajouter l'ail haché, puis le basilic ciselé et la semoule en pluie. Remuer à l'aide d'une cuillère de bois et laisser cuire 5 mn, sans cesser de tourner. Saler, poivrer. Ajouter progressivement l'eau bouillante (ou le bouillon), faire dessécher, puis verser le lait. Laisser cuire jusqu'à absorption complète. Lisser la surface à la spatule, recouvrir de lamelles de mozzarella, arroser d'huile d'olive et passer sous le gril du four.

Servir très chaud dans la poêle.

Je sers souvent cette polenta avec une fricassée de lapin ou de chevreau. C'est le plat fétiche de mon photographe préféré, Hervé Amiard.

VIN
Domaine de la Royère blanc, vin frais et équilibré.

Ma tarte tiède au chocolat

Préparation : 10 mn
Cuisson : 30 mn
Réalisation : facile

Pour une tarte de 6 personnes

200 g de chocolat pur Caraïbes, 200 g de beurre, 100 g de farine, 5 œufs, 1 cuillère à café d'extrait de café, 3 cuillères à soupe de crème fraîche épaisse.

Dans une casserole, au bain-marie, faire fondre le chocolat coupé en petits morceaux avec le beurre. Bien mélanger.

Battre les œufs au fouet électrique, ajouter la farine tamisée. Mélanger délicatement avec la première préparation (chocolat / beurre).

Ajouter la crème et l'extrait de café.

Beurrer un moule à manqué et fariner. Verser le mélange dans le moule. Préchauffer le four à 130 °C (th. 4).

Enfourner pour 30 mn. Surveiller la cuisson en plantant une lame de couteau, ce gâteau doit rester souple. Servir tiède.

Si vous le mangez le lendemain, il faudra repasser ce gâteau au four 5 mn pour l'assouplir.

VIN

Banyuls Grand cru.

La Soupe de fruits rouges

Préparation : 10 mn
Cuisson : 35 mn, la veille
Réalisation : très facile

Pour 8 à 10 personnes

1,5 kg de framboises, 500 g de sucre, 1/2 l d'eau, 10 cl de jus de citron, menthe fraîche.

Faire le sirop. Pour cela, faire bouillir le sucre et l'eau 35 mn. Laisser refroidir.

Le lendemain, broyer la moitié des framboises et tamiser pour ôter les graines. Mélanger au sirop et ajouter le citron.

Déposer dans des coupes et ajouter le reste des fruits. Décorer de feuilles de menthe.

Cette merveilleuse soupe d'été s'agrémente de fraises, framboises et groseilles suivant la saison.

VIN

Muscat de Rivesaltes aux arômes d'agrumes et de fleurs.

Le Retour du marché au Carré d'Herbes

Du potager de grand-père Léon au Carré d'Herbes à l'Isle-sur-la-Sorgue, il n'y a qu'un saut de puce dans le temps avec toujours la même passion pour la cuisine aux herbes fraîchement cueillies.

Dès mon installation à Gordes, le jardin d'herbes fut créé. Dix mètres carrés défrichés, bêchés, engraissés et plantés. Voici la menthe ou plutôt les menthes, poivrées, panachées, la bergamote, le thym, le romarin, le basilic, l'origan, la mélisse-citronnelle, la sarriette, la ciboulette, l'oseille et toutes les autres familles, pour les infusions de la maison.

Puis, de la rencontre de trois Normands, naquit le « Carré d'Herbes », à un vol d'oiseau du Mas. Superbe réalisation contemporaine réchauffée d'ocre. Pour abriter les tables : une immense volière tout embaumée de jasmin. Là encore, quatre carrés d'herbes aromatiques pour une cuisine de soleil que nous traduisons par des tartines diverses, carpaccio de légumes du jour ou bavarois potager.

La Provence nous offre une palette de couleurs dont est inspiré le choix des menus de nos restaurants. Les sept premiers plats sont accompagnés de vins légers, sympas, aromatiques, des vins jeunes blanc, rosé ou rouge, des vins de pays, si possible de l'année.

La Ronde des tartines, la sienne

Préparation : 10 mn
Réalisation : très facile

Pour 1 tartine

1 tranche de pain de campagne grillée d'un seul côté, 3 lanières d'aubergines grillées à la poêle et à l'huile d'olive, 1 gousse d'ail émincée, 1 cuillère à café de beurre d'anchois, 3 tranches fines de mozzarella, 1 bouquet de basilic, 3 anchois à l'huile.

Tartiner le pain de beurre d'anchois, côté souple, étaler les lanières d'aubergines grillées. Émincer la gousse d'ail, émincer la mozzarella. Passer sous le gril du four.
Décorer de trois anchois et d'une branche de basilic.

La Ronde des tartines, la tienne

Préparation : 10 mn
Réalisation : très facile

Pour 1 tartine

1 tomate coupée en petits cubes après avoir été pelée, mozzarella hachée, 1 tranche de jambon de Parme, 1 bouquet de basilic, 1 tranche de pain de campagne grillée d'un seul côté, 2 cuillères à soupe d'huile d'olive, sel, poivre.

Étaler sur le pain la tomate, saupoudrer de mozzarella hachée, ajouter d'un filet d'huile d'olive et passer sous le gril du four quand la mozzarella est bien fondue, étaler une tranche de jambon de Parme et décorer de basilic. Assaisonner.

La Ronde des tartines, la bergère

Préparation : 15 mn
Réalisation : très facile

Pour 1 tartine

1 tranche de pain de campagne grillée d'un seul côté, 1 tomate, 1/2 bulbe de fenouil cru émincé, 30 g de chèvre frais, 1 cuillère à soupe de basilic ciselé, 1 cébette ciselée, 1 cuillère à soupe d'huile d'olive, sel, poivre.

Ébouillanter la tomate, la passer sous l'eau froide puis la peler. La découper en petits cubes. Les déposer dans un bol, les asperger d'huile d'olive et ajouter le basilic ciselé, du sel, du poivre.

Étaler la préparation à la tomate sur le pain, ajouter l'émincé de fenouil puis le chèvre frais. Saler, poivrer, arroser d'un filet d'huile d'olive.

Passer 5 mn sous le gril du four, décorer d'une cébette ciselée avant de servir.

La Soupe d'été à la roquette

Préparation : 15 mn
Cuisson : 5 mn
Réalisation : assez facile

Pour 4 personnes

500 g de feuilles de roquette lavée, 10 cl d'huile d'olive, 10 cl de bouillon de volaille, 1 cuillère à café de vinaigre balsamico, sel, poivre, 50 g de parmesan en copeaux, quelques petits croûtons de pain frits dans l'huile d'olive, 1 cuillère à soupe de crème fraîche ou quelques glaçons pilés.

Prélever la moitié de la roquette et la blanchir dans 1 l d'eau bouillante salée. Rafraîchir. Essorer dans un torchon.

Dans le mixer, mettre l'huile d'olive, puis la moitié de roquette crue, poivrer, ajouter la roquette cuite et progressivement le bouillon chaud de volaille. Mixer jusqu'à obtention d'une fine purée. Réserver au frais.

Verser dans la soupière en ajoutant le vinaigre balsamico, le sel. Décorer de copeaux de parmesan et de petits croûtons frits. Cette soupe peut être servie aussi bien chaude, accompagnée d'1 cuillère à soupe de crème fraîche, que froide avec quelques glaçons pilés.

La roquette est une salade méditerranéenne, d'une saveur assez forte, piquante et amère. Il faut choisir les feuilles petites et lisses. Volontairement, je ne sale et ne vinaigre cette soupe qu'à la fin car le sel altère la couleur bien verte.

Les Mousses glacées potagères

Préparation : 15 mn
Cuisson : 25 mn
Réalisation : facile

Pour 6 personnes

3 poivrons verts, 3 poivrons rouges, 3 poivrons jaunes, 2 branches de céleri, 6 feuilles de gélatine, 4 branches d'estragon, 1 gousse d'ail, 250 g de crème fraîche liquide, quelques gouttes de tabasco, huile d'olive, sel, poivre.

Tremper les feuilles de gélatine dans de l'eau froide.

Faire griller les poivrons au four 20 mn, les éplucher, les couper en lanières, en séparant les couleurs. Éplucher l'ail, dégermer et hacher. Couper les branches de céleri en petits dés.

Chauffer un peu d'huile d'olive dans trois casseroles, mettre une variété de poivron par casserole, ajouter dans chaque céleri, ail, estragon, sel et poivre. Laisser mijoter quelques minutes. Répartir les feuilles de gélatine dans les trois casseroles, remuer et laisser dissoudre, ajouter le tabasco. Laisser refroidir, mixer afin d'obtenir trois purées.

Fouetter la crème et la répartir délicatement dans chaque purée. Dresser dans des petits bols.

Je vous conseille de servir ces trois mousses fraîches avec un pain aux olives (recette p. 178) ou une fougassette. Ces mousses peuvent se préparer avec des aubergines ou des tomates.

La Salade de poivrons et cébettes

Préparation : 15 mn
Réalisation : très facile

Pour 6 personnes

2 poivrons verts, 2 poivrons rouges, 2 poivrons jaunes, 4 tomates, 4 jeunes cébettes, 5 cl de jus de citron, 5 cl d'huile d'olive, 1 cuillère à café de graines de coriandre, 1/2 cuillère à café de poudre de coriandre, 1/2 piment oiseau, sel, poivre, 1 cuillère à soupe de cumin.

Faire griller les poivrons à la flamme, les peler en les entourant d'un papier journal ou d'un sac plastique, sans les tremper dans l'eau. Ôter les graines, couper en lanières. Tremper les tomates 2 mn dans l'eau bouillante, les peler. Les couper en petits dés.

Chauffer l'huile d'olive, l'ail puis les épices, et enfin le citron. Ajouter les tomates, les poivrons et les cébettes finement ciselées. Saler, poivrer. Cuire 15 mn à feu doux. Laisser refroidir et servir glacé.

Ma soupe de melon apéritive

Préparation : 5 mn
Réalisation : très facile

Pour 6 personnes

4 melons bien lourds, 3 cuillères à soupe de pastis, 6 glaçons pilés, sel, poivre, fenouil sauvage.

Peler et épépiner trois melons. Passer au mixer avec le pastis et les glaçons pilés, saler, poivrer. Mettre au frais.

Ouvrir le dernier melon, après l'avoir épépiné, faire des boules avec une cuillère à pommes parisiennes.

Servir la soupe dans une jolie coupe, ajouter les petites boules. Décorer de sommités de fenouil sauvage ramassées au bord des chemins. Je les appelle les « petits parapluies ».

Choisir des melons assez lourds. Quatre gouttes de sucre autour du pécout présagent d'un fruit gorgé de soleil.

Le Carpaccio de légumes

Préparation : 30 mn
Cuisson : 15 mn
Réalisation : assez facile

Pour 6 personnes

3 courgettes fines, 3 aubergines longues, 3 poivrons rouges, 3 poivrons verts, 6 tomates confites, 1 bouquet de basilic ciselé, 1 bouquet de coriandre et des grains de coriandre, 6 gousses d'ail émincées, 1 verre d'huile d'olive, le jus de 3 citrons, sel, poivre, copeaux de parmesan, ail haché.

- Commencer par griller les poivrons à la flamme pour enlever la peau et réserver. Couper chaque aubergine dans le sens de la longueur en six tranches fines. Les dorer dans une poêle à l'huile d'olive et réserver. Assaisonner. Couper chaque courgette en six tranches dans la longueur.
- Préparer les marinades : pour les courgettes, les allonger dans un plat creux, ajouter quelques cuillères d'huile d'olive, sel, poivre, citron. Ajouter les feuilles de coriandre, les graines écrasées, l'ail émincé. Mettre au frais.
- Allonger les aubergines dans un plat creux, saler, poivrer, ajouter l'ail haché et le basilic.
- Couper les poivrons en deux dans la longueur, asperger d'huile d'olive et de citron. Ajouter les graines de coriandre, l'ail émincé, le piment, sel, poivre.
- Ajouter les tomates confites. Disposer dans un joli plat en forme de bouquet.
- Parsemer de copeaux de parmesan et mettre au frais.

Les tomates confites s'achètent dans les épiceries italiennes. Elles sont séchées puis confites dans un bocal rempli d'huile d'olive.

Un risotto d'épeautre éclaté

Préparation : 10 mn
Cuisson : 45 mn
Réalisation : assez facile

Pour 4 personnes

1 paquet de 500 g d'épeautre, 2 l de bouillon de volaille, 100 g de beurre, 1 boule de mozzarella, 4 gousses d'ail hachées, sel, poivre, 1 petit bouquet de basilic ciselé.

- Commencer par broyer l'épeautre au mixer, comme des brisures de riz, puis rincer sous l'eau courante pendant 5 mn. Égoutter.
- Chauffer le bouillon.
- Dans une grande poêle, faire fondre 50 g de beurre, verser l'épeautre et l'ail haché. Mélanger à la cuillère de bois pendant 10 mn.
- Verser le bouillon dans la poêle, louche après louche, en laissant évaporer le liquide à chaque louche. Toujours bien remuer. Cette opération dure environ 35 à 40 mn. Le grain ne doit plus craquer sous la dent.
- Quand la cuisson est terminée, ajouter le reste du beurre, mélanger et saupoudrer de basilic ciselé. Saler, poivrer.
- Dresser dans un joli plat allant au four et décorer de lamelles de mozzarella. Passer 3 mn sous le gril et servir.

L'épeautre est un blé rustique, cultivé dans notre région, le pays de Sault. C'est un aliment énergétique. Cette petite graine biologique qui remplace le riz, peut faire de très bonnes soupes onctueuses et d'excellents taboulés. Au Mas, nous faisons des pains rustiques avec sa farine.

VIN
Bourgogne aligoté, si possible des Hautes-Côtes.

Le Tendron de veau au citron vert et crémolata

Préparation : 15 mn
Cuisson : 1 h 25 mn
Réalisation : très facile

Pour 6 personnes

6 jolis morceaux de tendron de veau, 3 carottes, 3 oignons, 1 bol de concassé de tomates (recette p. 176), 1 bouquet d'origan, 1 zeste de citron blanchi, 1 zeste d'orange blanchi, 6 gousses d'ail hachées, 3 branches de persil hachées, 1/2 l de vin blanc, 3 citrons verts, 3 cuillères à soupe de farine, 3 cuillères à soupe d'huile d'olive.

Fariner les morceaux de tendron. Hacher oignons et carottes au cutter.

Dans une cocotte, chauffer l'huile et faire dorer chaque morceau de tendron sur les deux faces. Sortir la viande et faire dorer carottes et oignons dans la cocotte. Hacher l'ail et mettre la moitié dans la cocotte, ajouter le concassé puis la viande, bien mélanger. Mouiller à hauteur avec le vin blanc, saler, poivrer. Ciseler finement l'origan et l'ajouter à la sauce. Ajouter les citrons verts coupés. Couvrir et laisser cuire 1 h 15 mn. Vérifier la cuisson de la viande. Ôter la viande et laisser réduire la sauce pendant 10 mn à feu doux.

La crémolata : après avoir blanchi les zestes, bien les sécher et les hacher finement au couteau. Dans un bol, mélanger zestes, ail haché restant et persil haché.

Au moment de servir, saupoudrer la viande de ce mélange un peu canaille qui relèvera votre sauce.

Un plat de riz ou de pâtes fraîches accompagne ce tendron de veau. Le tendron est un morceau qui entoure l'extrémité d'une côte chez le veau ou le bœuf. C'est un aliment cartilagineux et très moelleux. Peut se servir en blanquette ou en braisé.

Vin
Chateauneuf-du-Pape blanc, présent et bien structuré.

Les Côtes de canard aux cerises

Préparation : 20 mn
Cuisson : 15 mn
Réalisation : facile

Pour 4 personnes

4 côtes de canard, 750 g de cerises burlat, 1 clou de girofle, 5 g de poivre blanc, fleur de sel de Guérande, 1 cuillère de miel, 1 noisette de beurre, 1 trait de vinaigre.

Laver, essuyer, équeuter les cerises, les dénoyauter, en presser un tiers. Récupérer le jus, le mélanger au vinaigre.

Écraser les grains de poivre, le clou de girofle.

Parer les côtes de canard.

Chauffer une grande poêle à fond épais, y déposer les côtes de canard, laisser dorer 4 mn de chaque côté, à feu vif.

Déposer les côtes dans un plat chaud, saupoudrer de fleur de sel de Guérande, garder au chaud sous un papier d'aluminium.

Ôter l'excédent de graisse de la poêle, la faire chauffer sur feu vif, faire sauter les cerises, ajouter la cuillère de miel et le mélange d'épices. Asperger de vinaigre, laisser légèrement évaporer et ajouter le jus de cerises lié à feu vif avec une noisette de beurre.

Vin
Cahors, vin du Sud-Ouest, un beau potentiel de vieillissement.

La Terrine de lapereau aux deux choux

Préparation : 1 h
Cuisson : 1 h 30 mn
Réalisation : assez difficile

Pour une dizaine de personnes

2 petits lapins désossés, découpés en 20 morceaux, 450 g de gorge de porc, 1 chou vert, 1 chou rouge, 1 crépine de porc, 6 œufs, 1 cuillère à soupe de cognac, 1 pincée de quatre-épices, sel, poivre.
La marinade : 1 l de vin rouge (Côtes du Lubéron), 1 cuillère à soupe de cognac, 1 cuillère à soupe d'huile d'olive, 2 gros oignons piqués d'un clou de girofle, 3 gousses d'ail, 2 ou 3 oignons, 3 grains de genièvre, 1 écorce d'orange, 1 bouquet garni.

- La veille, pour la marinade : émincer les oignons et peler les gousses d'ail. Mélanger le vin rouge, l'huile d'olive et le cognac. Verser sur les morceaux de lapereaux, ajouter les autres éléments de la marinade et mettre au frais 24 h.
- Le jour même : blanchir la gorge de porc quelques minutes, égoutter et sécher. Hacher la chair des pattes avant et arrière avec la gorge. Ajouter les oignons, l'ail et la marinade. Bien mélanger, ajouter les œufs, les épices, le cognac. Mélanger à nouveau et mettre au frais pendant 1 h.
- Faire revenir les râbles et les foies très rapidement à la poêle, juste pour les saisir, dans 1 cuillère à soupe d'huile d'olive.
- Effeuiller les choux, les laver et cuire les feuilles séparément dans l'eau bouillante salée. Les rafraîchir sous l'eau froide, les égoutter et les sécher sur un torchon. Retirer les grosses côtes.
- Faire tremper la crépine dans l'eau froide, la rincer et bien la sécher.
- Montage : tapisser une terrine rectangulaire de crépine, puis de choux verts, de choux rouges, un peu de farce, quelques feuilles rouges et vertes, les râbles coupés en escalopes, les foies émincés. Recouvrir de farce, puis à nouveau de feuilles de choux. Rabattre la crépine.
- Cuire au bain-marie à 160 °C (th. 5-6) pendant 1 h 45 mn. Laisser refroidir, puis tasser avec une planchette et un poids de 1 kg.

Je sers cette terrine avec une confiture de fruits et légumes et quelques cerises au vinaigre maison (recettes p. 176).

VIN
Château de Mille blanc, Côtes du Luberon, bouquet intense.

L'Apéro près de la fontaine

À l'heure où le soleil se cache derrière les collines de Cabrières, nous nous installons à l'ombre de la treille, tout près du petit bassin, pour ce rite provençal que rien ne saurait bousculer, « l'apéro ».

Les amis rejoignent le Mas pour partager avec nous ces instants de bonheur simple. Quelques amusades comme les concombres à la poichichade, les tartinettes variées, les croustillants de riz et chèvres secs ou les petites crêpes de carottes escortent un verre de rosé du pays, jeune et agréable, bien frais ou une anisette de ménage.

L'Anisette de ménage

Préparation : 1 h
Réalisation : assez facile

Pour 1 l d'anisette

100 g d'anis, 1 l de bonne eau-de-vie, 500 g de sucre.

Dans une bouteille bien bouchée, laisser macérer dix jours au soleil 100 g d'anis pilé avec 1 l de bonne eau-de-vie et agiter la bouteille chaque jour. Après cet intervalle, faire fondre sur le feu 500 g de sucre dans la même quantité d'eau et laisser cuire à consistance d'un sirop.
Verser ensuite la préparation sur l'eau-de-vie à l'anis, puis filtrer, mettre en bouteilles et garder au frais.

Le Caviar d'aubergines

Préparation : 15 mn
Cuisson : 25 mn
Réalisation : assez facile

Pour 6 personnes

6 aubergines, 2 tomates, 6 filets d'anchois au sel, 2 gousses d'ail dégermées, 1 tasse de concassé de tomates (recette p. 176), sel, poivre, huile d'olive.

Laver les aubergines, les couper en deux dans la longueur, les badigeonner d'huile d'olive et les mettre au four sous le gril pendant 10 mn. Ôter la chair avec une cuillère. Réserver. Éplucher et épépiner les tomates. Chauffer 3 cuillères à soupe d'huile d'olive dans une sauteuse, ajouter la chair des aubergines, les tomates coupées en quartiers, les anchois, les gousses d'ail écrasées et la tasse de concassé. Saler, poivrer. Bien mélanger, cuire 15 mn à petit feu. Verser le tout dans le bol du mixer et incorporer l'huile d'olive en filet. Mettre au frais.
Ce caviar très provençal se déguste sur de larges tranches de pain de campagne grillé.

Les Concombres à la « poichichade »

Préparation : 20 mn, la veille
Cuisson : 1 h 30 mn
Réalisation : assez facile

Pour 6 personnes

250 g de pois chiches trempés au moins 12 h, 15 cl d'huile d'olive, 1 court-bouillon composé d'1 oignon piqué, 1 clou de girofle, 1 feuille de laurier, 2 carottes, 1 branche de céleri, 2 gousses d'ail dégermées, 1 écorce d'orange.
2 jolis concombres, 6 anchois à l'huile.

Préparer le court-bouillon, le cuire 10 mn et laisser refroidir.

Pendant ce temps, évider les concombres en ôtant les graines avec une petite cuillère. Les recouper dans le sens de la longueur pour former des petites barquettes.

Quand le court-bouillon est froid, y plonger les pois chiches, amener à ébullition et écumer, laisser cuire doucement 1 h 30 mn. Égoutter.

Dans le mixer, verser les pois chiches, puis l'huile d'olive en filet, les anchois et l'ail, saler, poivrer.

Garnir les concombres de la préparation à la poche à douille et mettre au frais.

Cette « poichichade » se sert à l'apéritif ou pour un buffet. Choisir les pois chiches tout petits et les concombres longs et bien fermes.

Les Petites Crêpes de carottes

Préparation : 5 mn
Cuisson : 5 mn
Réalisation : très facile

Pour 8 personnes

2 belles carottes, 10 brins de coriandre.
Pour la pâte à crêpes : 3 œufs entiers, 125 g de farine, 30 cl de lait, 1 cuillerée à soupe d'huile de tournesol, 1/2 sachet de levure, sel, poivre.

Raper les carottes. Préparer la pâte à crêpes en mélangeant tous les éléments. Incorporer dans la pâte les carottes râpées, et les brins de coriandre hachés.

Déposer dans une poêle huilée et chaude de petites louches de pâte. Les cuire quelques instants sans oublier de les retourner à mi-cuisson.

Égoutter sur du papier absorbant et servir tiède.

Chou en nems d'automne

Préparation : 20 mn, 1 h à l'avance
Réalisation : assez facile

Pour 8 personnes

Quelques feuilles de chou vert, 2 carottes, 1 pot de 200 g de brandade de morue ou 1 morue fraîche.

Blanchir les feuilles de chou vert. En couper deux en lanières. Couper les carottes en bâtonnets.

Étaler sur la moitié de chaque feuille 2 cuillères de brandade de morue, des bâtonnets de carotte et des lanières de chou. Rouler chaque feuille et entourer de film alimentaire.

Laisser au frais 1 h avant de couper en tronçons.

Ces petits nems agrémentent un apéritif de début d'hiver.

La Pissaladière

Préparation : 20 mn
Cuisson : 15 mn
Réalisation : facile

Pour 8 personnes

1 kg d'oignons, 1 boule de pâte à pain à l'huile d'olive, 100 g de filets d'anchois et quelques olives noires, huile d'olive, sel, poivre.

Éplucher et faire dorer les oignons émincés à feu doux. Ils doivent être un peu confits.

Abaisser la pâte sur une tôle, sur 0,5 cm d'épaisseur.

Piquer la pâte et couvrir du confit d'oignons. Déposer les anchois en forme de croisillons et parsemer d'olives noires. Arroser d'huile d'olive, sel, poivre, et cuire 20 mn à 180 °C (th. 6). Servir tiède.

L'Omelette aux herbes

Préparation : 15 mn
Cuisson : 5 mn
Réalisation : facile

Pour 6 personnes

12 œufs, 1 bouquet d'asperges sauvages, 2 cuillères à soupe de crème fraîche épaisse, 3 cébettes, ciboulette, 1 petit bouquet d'estragon, 1 noisette de beurre, sel, poivre.

Laver les petites asperges sauvages (si vous en trouvez au bord des chemins), raccourcir les tiges et ébouillanter puis rafraîchir.

Couper très finement ciboulettes et cébettes puis ciseler l'estragon. Réserver.

Casser les œufs dans un saladier, puis battre énergiquement à la fourchette. Ajouter la crème, sel et poivre.

Chauffer une noisette de beurre dans une large poêle et cuire l'omelette avec toutes les herbes puis les asperges. Baisser le feu. Verser l'omelette dans un plat de service en la glissant délicatement.

Les Beignets de courgettes-anchois

Préparation : 5 mn
Cuisson : 2 mn
Réalisation : facile

Pour 6 à 8 personnes

300 g d'anchois frais désarêtés et lavés, 2 courgettes coupées en rondelles fines, 150 g de pâte à tempura (recette p. 178).

Entre deux rondelles de courgettes, déposer un filet d'anchois bien séché.
Tremper dans la pâte à tempura, puis dans la friture chaude 2 mn. Égouter sur un papier absorbant.
Servir à l'apéritif, avec un bol d'anchoïade (recette p. 177).

Les Beignets d'aubergines-tomates

Préparation : 5 mn
Cuisson : 2 mn
Réalisation : facile

Pour 6 à 8 personnes

2 aubergines coupées en rondelles fines, 4 tomates allongées (rami) ou 8 pétales de tomates séchées, 150 g de pâte à tempura (recette p. 178), sel, poivre, quelques feuilles de sauge.

Entre deux rondelles d'aubergines, déposer une demi-tomate confite (ou une rondelle de tomate) puis une feuille de sauge.
Tremper dans la pâte à tempura, puis délicatement dans la friture 3 mn. Déposer sur un papier absorbant. Saler, poivrer.

Les Beignets de fleurs

Préparation : 10 mn
Cuisson : 10 à 15 mn
Réalisation : facile

Pour 6 personnes

12 fleurs de courgettes. Pour la pâte : 60 g de farine blanche, 60 g de farine tempura, 1 œuf, 3 glaçons, 2 pincées de levure, 1 blanc d'œuf, 1 pincée de sel, 1 cuillère à soupe d'huile.

Dans un saladier, mélanger les deux farines, ajouter en fouettant l'œuf, la levure, l'huile puis les glaçons qui doivent fondre et enfin le sel. Laisser reposer 10 mn.
Battre le blanc en neige et l'incorporer très délicatement à la pâte. Chauffer la friture. Tremper les fleurs dans la pâte. Cuire 1 à 2 mn. Les sortir et les déposer sur un papier absorbant.

Rendez-vous à Beauduc

Passées les terres marécageuses des rizières du pays d'Arles, en direction du Vaccarès, nous parcourons un long ruban de route chauffée à blanc par le soleil de juin. Les dunes des salins de Giraud nous guident pour découvrir à droite, au milieu des roseaux, une petite pancarte de bois déglinguée indiquant « Beauduc ». Ici, la route goudronnée s'arrête et nous empruntons la piste de sable défoncée, traversant les étangs. Fascinés par le ballet de flamants roses de part et d'autre du chemin, nous stoppons la voiture en observateurs. En contrebas dans le marais, on devine la masse noire et imposante des taureaux de Camargue. Après les ruines du vieux fort, nous arrivons au terme de notre voyage.

Voici Beauduc ! Un paysage un peu lunaire, fait de bric et de broc. Caravanes rouillées et cabanons posés çà et là, bordent la plage ou entourent les étangs. C'est le bout tranquille d'un autre monde, un genre de paradis où les gens d'ici vivent heureux, tout simplement.

La Poêlée de tellines

Préparation : 15 mn après dessablage
Cuisson : 5 mn
Réalisation : assez facile

Pour 6 personnes

1 kg de tellines dessablées, 2 gousses d'ail émincées, 5 cl d'huile d'olive, 1 bouquet de persil haché, sel, poivre, 1 filet de jus de citron.

Pour dessabler les tellines, il faut beaucoup de patience. Les faire tremper quelques heures dans l'eau de mer, puis les brasser vigoureusement sous l'eau fraîche du robinet. Chauffer une poêle à blanc, y jeter les tellines. Attendre 3 mn et couvrir. Ajouter ail, huile d'olive, sel, poivre, un filet de jus de citron. Au dernier moment, le persil haché. Consommer tiède ou froid.

Si vous désirez changer l'assaisonnement, égoutter les tellines pour éliminer leur jus de cuisson et les mélanger délicatement à un aïoli léger. Ces coquillages vivant dans les sables des plages camarguaises se ramassent toute l'année et par tous les temps. Mais la meilleure période, c'est l'été.

Vin

Vin de l'Hérault, Picpoul de Pinet, tout en vivacité.

La Bourride de Saint-Jacques

Préparation : 35 mn
Cuisson : 20 mn
Réalisation : assez difficile

Pour 6 personnes

12 noix de coquilles saint-jacques, 2 carottes, 1/2 oignon, 2 branches de céleri, 2 navets, 1 pied de fenouil, 1 grosse courgette, 4 cuillères à soupe d'huile d'olive, 1 écorce d'orange, laurier, safran, 4 jaunes d'œufs, 2 cuillères à soupe de crème épaisse.
Pour la rouille : 4 gousses d'ail, 1 piment rouge d'Espagne, 1 noix de mie de pain trempée dans du lait, 1 jaune d'œuf, 1 verre d'huile d'olive, sel et poivre de Cayenne.

Pour la rouille : piler au mortier (ou au mixer) les quatre gousses d'ail avec le piment rouge et la mie de pain essorée. Mettre cette pommade dans un saladier avec un jaune d'œuf, sel et poivre de Cayenne. Monter ce mélange comme une mayonnaise, avec un verre d'huile d'olive. Mettre au frais en attente : c'est la rouille.

Couper en fine julienne un demi-oignon, les carottes, les branches de céleri, les navets, le pied de fenouil. Couper en fines rondelles la courgette lavée mais non épluchée.

Faire chauffer dans une grande casserole 4 cuillères à soupe d'huile d'olive. Y jeter tous les légumes, sauf la courgette. Ajouter l'écorce d'orange, une pincée de gros sel et du poivre. Laisser cuire à feu doux 5 mn, ajouter la courgette et les noix de Saint-Jacques. Cuire 7 mn et ôter du feu.

Au moment de servir, préparer la liaison dans un saladier avec quatre jaunes d'œufs, 4 cuillères à soupe de rouille, 2 cuillères à soupe de crème épaisse. Mouiller avec le bouillon de cuisson. Remettre sur feu doux, jusqu'à consistance d'une crème anglaise.

Dans les assiettes creuses, disposer les légumes et au centre, les noix de saint-jacques. Recouvrir de bouillon et servir la rouille à côté.

Vin
Graves blanc, de préférence de Pessac-léognan.

Les Petits Beignets d'aubergine
à l'anchois frais

Préparation : 15 mn
Cuisson : 10 mn
Réalisation : assez difficile

Pour 6 à 8 personnes

4 grosses aubergines lavées, séchées et coupées en rondelles assez fines, 300 g d'anchois frais, lavés et désarêtés, 24 feuilles de sauge larges, lavées et séchées, 2 cuillères à soupe d'huile d'olive, 1 bassine d'huile de friture.
Pour la pâte : 150 g de farine à tempura, 1 œuf, 5 cl d'eau, 3 glaçons, 1 cuillère à soupe d'huile, sel.

Pour la pâte : Mélanger dans un saladier la farine, l'œuf, l'eau, les glaçons et le sel.

Dans une poêle avec 2 cuillères à soupe d'huile d'olive, faire vivement dorer les rondelles d'aubergine. Saler, poivrer. Les sortir et les déposer sur du papier absorbant.

Chauffer une bassine de friture. Entre deux rondelles d'aubergine, déposer un anchois frais, lavé et désarêté, et une feuille de sauge. Les tremper dans la pâte à beignets et ensuite dans la friture chaude 2 mn.

Égoutter sur du papier absorbant et servir chaud.
Ces petits beignets sont excellents pour l'apéritif.

Vin
Vin de l'Hérault, un Saint-Chinian rosé.

L'Escabèche de rougets de roche

Préparation : 30 mn pour ôter les arêtes
Cuisson : 5 mn
Réalisation : assez difficile

Pour 6 personnes

12 rougets barbets dont les filets seront levés puis désarêtés à la pince à épiler, 3 gousses d'ail, 2 échalotes ciselées, 1/2 piment oiseau, 1 feuille de laurier, 1 feuille de thym, 1/2 cuillère à soupe de gingembre en poudre, 1 verre de vinaigre, 1 verre de vin blanc sec, 1/2 cuillère à soupe de graines de coriandre, 5 cl d'huile d'olive, sel, poivre.

Chauffer l'huile dans une grande poêle antiadhésive. Mettre les échalotes et l'ail haché, les dorer légèrement, puis ajouter les filets de rougets côté peau, les cuire 2 mn et asperger de vinaigre. Saler et poivrer. Sortir les filets de la poêle, les réserver dans un plat.

Verser le vin blanc puis le reste des condiments. Réduire encore 2 mn et verser sur les filets de rougets.

Servir tiède ou froid.

Vin
Cassis blanc.

Crépinettes de coquillages

Préparation : 15 mn
Cuisson : 20 mn
Réalisation : facile

Pour 4 personnes

50 g de tellines décoquillées, 150 g de bulots cuits décoquillés et hachés, 100 g de chair à saucisse, 3 gousses d'ail hachées, 100 g de crépine, 10 cl de crème liquide, sel, poivre, 3 cuillères à soupe d'huile d'olive, 1 mélange d'herbes composé d'1 poignée d'épinards, de quelques feuilles d'oseille, quelques branches de persil, 1 vert de poireau blanchi.

Hacher au couteau toutes les herbes. Dans une sauteuse, chauffer l'huile d'olive, ajouter la chair à saucisse, l'ail, les herbes hachées, les coquillages et enfin la crème. Saler et poivrer. Bien mélanger. Cuire 5 mn à feu doux puis laisser refroidir.

Confectionner des boulettes, que vous enfermerez dans des petits carrés de crépine. Ranger dans un plat et enfourner 15 mn à 200 °C (th. 6-7).

Laisser refroidir et déguster à l'apéritif ou en entrée avec une salade.

Vin
Muscadet jeune.

Le Loup de Méditerranée en croûte de sel

Préparation : 20 mn + 1 h de repos
Cuisson : 25 mn
Réalisation : facile

Pour 6 personnes

1 beau loup de 1,5 kg, 1 kg de sel gris, 100 g de fleur de sel, 200 g de farine, 15 cl d'eau, 2 blancs d'œufs, 1 bouquet de romarin frais, poivre.

Demander à votre poissonnier de vider et d'ébarber le loup. Ne pas l'écailler. Réserver au frais.

Ciseler très finement les brindilles de romarin et réserver 1 cuillère à soupe. Assaisonner le ventre du loup avec ce sel de romarin. Réserver au frais.

Dans un grand saladier, mélanger le sel gris, la fleur de sel, la farine, les blancs d'œufs et 1 cuillère à soupe de romarin ciselé. Ajouter progressivement un peu d'eau pour former une pâte et mettre au frais 1 h. Étaler cette pâte au rouleau sur le fond d'un plat allant au four. Déposer le loup. Poivrer. Recouvrir d'une autre abaisse de pâte en sel et enfermer complètement le poisson.

Cuire à 200 °C (th. 6-7) pendant 25 mn.

Pour servir, casser la croûte de sel et découper le poisson.

Servir avec un beurre au romarin ou la moutarde des pêcheurs (recette p.177).

VIN

Bellet blanc, vin des Alpes maritimes, nerveux et frais.

La Pizza rouge aux supions

Préparation : 20 mn à l'avance
Cuisson : 25 mn
Réalisation : facile

Pour 6 personnes

Pour la pâte : 225 g de farine T 55, 8 g de levure de boulanger, 2 cuillères à soupe de concentré de tomates, 2 gousses d'ail, 5 g de sucre, 10 cl d'eau, 2 cuillères à soupe d'huile d'olive, 8 brins de thym frais, 8 g de sel.

Pour la garniture : 400 g de petits calamars (supions), 600 g de pousses d'épinards, 80 g de pignons de pin, 2 gousses d'ail, 1 bouquet de persil plat, 3 cuillères à soupe de coulis de tomates, sel, poivre, huile d'olive.

Pour la pâte : dissoudre la levure dans 5 cl d'eau tiède avec le sucre. Éplucher et hacher les gousses d'ail dégermées. Émietter le thym. Mettre la farine dans un saladier, ajouter le concentré de tomates, le sel, l'ail et le thym émietté, mélanger. Ajouter la levure délayée, l'eau et l'huile d'olive. Travailler la pâte vigoureusement. La mettre en boule, la couvrir d'un linge et réserver dans un endroit chaud pour la laisser lever. La retravailler, puis faire lever de nouveau.

Pour la garniture : laver, nettoyer les calamars, séparer la tête des tentacules et si les corps sont trop grands, les couper en deux. Laver, équeuter les épinards, hacher le persil. Faire chauffer de l'huile d'olive dans une grande poêle, ajouter les gousses d'ail en chemise. Laisser l'huile se parfumer. Ajouter les calamars et laisser cuire quelques minutes. Saler, poivrer, saupoudrer de persil haché. Faire tomber les épinards à la poêle avec un filet d'huile d'olive. Dorer les pignons dans une autre petite poêle à sec.

Étaler finement la pâte sur une tôle légèrement farinée. Couvrir la pâte de coulis de tomates jusqu'à 1,5 cm du bord, ajouter les épinards. Répartir sur le dessus les calamars et les pignons. Arroser d'un filet d'huile d'olive.

Cuire à four moyen 180 °C (th. 5) pendant 15 mn.

Cette pizza rouge étonnante détrône la traditionnelle pizza anchois/fromage, pour une soirée entre copains ou un pique-nique en bord de mer.

Vin
*Côtes du Roussillon rosé,
comme celui du domaine Cazes à Rivesaltes.*

Noël en famille

Noël réveille en moi une foule de souvenirs et de traditions qui ont émerveillé mon adolescence. Nous prenions nos quartiers d'hiver à Jouques où mes parents possédaient une jolie maison, située sur la montagnette dominant le village. Notre environnement le plus proche était une minuscule chapelle appelée « la Bonne Mère », ouverte au public juste pour la nuit de Noël.

Le 24 décembre, les habitants défilaient devant notre porte, une torche à la main pour se rendre à la messe de minuit et participer à la crèche vivante. Les bergers, emmitouflés dans leurs vastes capes, portaient les agneaux nouveau-nés sur leurs épaules, suivis des jolies Provençales en habit de fête, des joueurs de flûte et des tambourinaires. J'étais fascinée par le spectacle de ce cortège détenteur de traditions inconnues. Après la messe, nous nous rendions dans une famille de vrais Provençaux, amis de mes parents, pour participer au gros souper. Quelle surprise ce fut pour les deux petites filles que nous étions, ma sœur Maryse et moi, de découvrir la mamée recroquevillée dans son vieux fauteuil paillé, au fond de la gigantesque cheminée, fumant gaillardement la pipe avant de passer à table.

On nous avait parlé des treize desserts symbolisant la réunion du Christ et des douze apôtres et déjà nous imaginions la table croulant de pâtisseries et autres gourmandises en treize exemplaires. Suivant la richesse de la famille, l'opulence des desserts est variable, mais il faut : les quatre mendiants, noix, noisettes, figues, amandes, le nougat noir et blanc, les dattes, oranges et raisins puis les châtaignes. À cela, s'ajoutent d'autres friandises comme le melon confit, les calissons et surtout, la pompe à l'huile appelée aussi fougasse ou gibacié suivant les régions. Tout cela s'arrose de vin cuit maison fait avec du moût de raisin noir.

Bien des années sont passées depuis « la Bonne Mère ». Des êtres chers nous ont quittés, d'autres sont venus, mais la tradition du Noël en famille reste là. Chaque année, pour Emmanuelle, pour Chiara, je perpétue ces gestes de bonheur.

Les Brochettes de petits gris à l'aïoli

*Préparation : 30 mn
Cuisson : 15 mn.
Réalisation : assez facile*

Pour 8 à 10 personnes

1 tranche de courge muscade, 1 boîte de 4/4 d'escargots petits gris, 6 carottes, 1/2 chou-fleur, 6 pommes de terre roseval, 6 têtes de brocolis, 1 l de bouillon de légumes corsé, 1 écorce d'orange, 3 grains de poivre, sel.
Pour l'aïoli : 1/2 tête d'ail épluchée et dégermée, 2 jaunes d'œufs, 1/2 l d'huile d'olive première pression à froid, quelques gouttes de jus de citron.

- Éplucher tous les légumes. Détailler le demi-chou-fleur et les brocolis en petits bouquets, la tranche de courge en cubes, les carottes en petits tronçons et les pommes de terre en rondelles. Cuire chou-fleur, brocolis, courge et pommes de terre à la vapeur séparément. Cuire les carottes à l'eau bouillante.
- L'aïoli : piler les gousses d'ail au mortier en incorporant jaunes d'œufs, huile d'olive, sel, poivre et un trait de jus de citron.
- Rincer les escargots. Faire chauffer le bouillon de légumes, ajouter l'écorce d'orange, les grains de poivre et les escargots, laisser frémir 5 mn. Égoutter, enfiler les escargots sur les brochettes et les légumes en les alternant.
- Servir les brochettes tièdes, accompagnées de l'aïoli.

Cette amusante recette remplace le traditionnel aïoli du souper maigre de Noël, fait à base de morue.

VIN
Vin des Coteaux du Languedoc blanc.

Gratin de cardons à l'anchois

Préparation : 30 mn
Cuisson : 30 mn
Réalisation : assez facile

Pour 8 à 10 personnes

2 beaux cardons bien fermes, 10 anchois au sel, 1 oignon haché, 1 gousse d'ail, 3 jaunes d'œufs, 25 cl de crème liquide, 1/4 l de bouillon de volaille, 2 cuillères à soupe de farine, 2 cuillères à soupe d'huile d'olive, 1 filet de vinaigre, poivre. Pour les cardons : 2 citrons, 1 cuillère à soupe de farine, 1 cuillère à soupe d'huile d'olive.

Éplucher les cardons : retirer soigneusement les fils des côtes, et les mettre dans une bassine d'eau froide additionnée d'un jus de citron.

Dans un bol, mélanger la cuillère de farine, le jus de l'autre citron et l'huile d'olive. Porter à ébullition une grande casserole d'eau, verser cette préparation en fouettant, plonger les côtes de cardons et les laisser cuire jusqu'à ce qu'elles soient tendres, puis les égoutter et les couper en petits carrés.

Rincer et ôter les arêtes des anchois. Chauffer l'huile d'olive dans une cocotte, faire fondre les anchois et l'oignon haché. Saupoudrer sur le dessus les 2 cuillères de farine, bien mélanger et ajouter l'ail. Sans cesser de remuer, verser le bouillon chaud, puis la crème et les cardons. Laisser cuire 10 mn. Battre les jaunes d'œufs en omelette avec le filet de vinaigre, les ajouter dans la cocotte en fouettant, laisser cuire à feu très doux 5 mn.

Verser la préparation dans un joli plat à gratin, décorer de quelques anchois, passer ensuite quelques secondes sous le gril du four.

Il faudra citronner vos mains après avoir épluché les cardons, car comme l'artichaut, ce légume noircit la peau. Les côtes doivent être fermes, d'un blanc crémeux, larges et charnues.

VIN

Côtes de Provence rosé ou blanc.

Salade à l'anchois

(photo page suivante)

Préparation : 5 mn
Réalisation : facile

Pour 8 à 10 personnes

2 cœurs de frisée, 3 cuillères à soupe d'anchoïade (recette p. 177), 6 filets d'anchois à l'huile, sel, poivre.

Laver et essorer soigneusement la salade. La disposer dans un grand saladier, assaisonner d'anchoïade, puis décorer d'un croisillon de filets d'anchois.

VIN

Coteaux d'Aix-en-Provence rosé, pour son équilibre.

Le Gâteau de morue aux pommes de terre

Préparation : 15 mn
Cuisson : 1 h 10 mn
Réalisation : assez facile

Pour 6 personnes

400 g de morue sèche dessalée, 15 petites pommes de terre rates, 500 g de feuilles de blettes très larges, 20 olives noires dénoyautées, 20 gousses d'ail hachées et dégermées, 80 g de beurre, 1 pincée de quatre-épices, sel, poivre, 25 cl de crème fraîche, 1 terrine de 28 cm.

Peler et couper les pommes de terre en fines lamelles à la mandoline. Les laver et les sécher.

Blanchir les feuilles de blettes en les plongeant 1 mn dans l'eau bouillante et les rafraîchir aussitôt.

Faire fondre le beurre et le clarifier en ôtant le petit lait, y ajouter les quatre-épices.

Chauffer la crème avec le poivre. Couper la morue en gros morceaux. Les mettre dans la crème avec 1 cuillère à soupe d'ail haché. Cuire à petits frémissements 10 mn. Sortir la morue, ôter la peau et les arêtes.

Mettre les pommes de terre dans un plat, ajouter le beurre clarifié, le reste d'ail, le poivre, mélanger.

Beurrer la terrine, tapisser l'intérieur de feuilles de blettes, côté mat à l'intérieur, couvrir d'une couche de pommes de terre, disposer les olives tout le long. Ajouter 2 cuillères du jus de cuisson de la morue. Répéter deux fois ce montage et recouvrir de feuilles de blettes. Couvrir le tout d'une feuille de papier aluminium et enfourner 1 h à 130 °C (th. 4) au bain-marie.

Au bout de ce temps, sortir la terrine et laisser refroidir complètement. Poser un poids sur le couvercle et laisser au frais au moins 2 h.

Servir cette merveilleuse terrine avec un aïoli légèrement crémé.

La morue du commerce est aplatie et sèche. Elle doit être dessalée de 12 h à 48 h selon l'épaisseur. Elle double alors de volume et perd l'excédent de sel. Renouveler l'eau toutes les 12 h. Par temps chaud, placer le récipient de dessalage au frigo pour éviter que le poisson ne se détériore.

VIN
Tavel, sec et fruité.

La Poularde du trophée « Mère Fillioux »,
son bouillon clair aux quenelles truffées

Préparation et cuisson : 3 h
Réalisation : difficile

Pour 4 à 5 personnes

1 beau poulet de Bresse de 2 kg, 1 truffe de 80 g environ.
Pour le bouillon : 1/2 l de vin blanc, 1 jarret de veau, le cou, la carcasse d'un autre beau poulet, 3 carottes, 4 poireaux, 3 gros oignons, 3 gousses d'ail, 2 branches de céleri, 1 feuille de laurier, 1 branche d'estragon, 3 clous de girofle, quelques grains de poivre, 1 poignée de sel gris, 2 blancs d'œufs pour clarifier le bouillon.
Pour la farce : 200 g de chair de volaille pris sur l'autre poulet du bouillon, 200 g de foies de poulet, 3 échalotes, 1 bouquet d'estragon, 1 truffe de 30 à 50 g, 30 g de beurre, sel, poivre.
Pour les quenelles : 12 cl de lait, 15 g de beurre, 45 g de farine, 1 œuf entier + 1 blanc, 200 g de chair de poulet, 50 g de beurre clarifié, 10 cl de crème épaisse, 1 truffe de 30 à 50 g, sel, poivre, muscade.
Pour la garniture : 5 petits navets ronds, 5 carottes fanes, 200 g de petits pois, 200 g de haricots verts, 1/2 botte d'asperges vertes, cerises au vinaigre (facultatif), sel, poivre.

Préparer le bouillon en remplissant un grand faitout d'eau froide et ajouter le vin blanc. Prélever les ailes et la chair de la carcasse d'un beau poulet et réserver. Découper le reste du poulet : cou, carcasse, cuisses et mettre dans le faitout. Ajouter le jarret, puis les oignons piqués de clous de girofle, ajouter le reste des ingrédients destinés au bouillon. Porter doucement à ébullition en écumant de temps en temps, cuire à feu doux environ 1 h.

La farce : hacher les échalotes et détailler en cubes 200 g de chair prélevée sur le poulet du bouillon, ajouter l'estragon ciselé. Dans une poêle, chauffer le beurre et dorer les échalotes, ajouter les foies de poulet, cuire 2 à 3 mn, en tournant en tous sens. Mettez à leur place dans la poêle, les dés de volaille et l'estragon, faire sauter 5 mn. Les ajouter aux foies. Hacher foies et dés de volaille convenablement, saler et poivrer. Hacher assez grossièrement la truffe de la farce et l'ajouter au mélange.

Préparer la poularde : vider la poularde. Couper l'autre truffe (la plus grosse) en rondelles fines, pour truffer sous la peau. Décoller d'abord délicatement la peau avec les doigts, à partir de l'incision du cou. Insérer ensuite avec précaution les rondelles de truffe entre la chair et la peau, en répartissant sur les ailes et les cuisses. Introduire la farce à l'intérieur de la poularde et coudre les orifices. Enfermer la volaille dans une mousseline bien serrée. Plonger la poularde dans le bouillon refroidi et à la reprise de l'ébullition, compter encore 45 à 50 mn.

Pendant ce temps, préparer les quenelles : hacher finement 200 g de chair de volaille, prise sur les ailes et la chair réservées du poulet du bouillon. Hacher la dernière truffe. Chauffer le lait avec une pincée de sel. Aux premiers bouillons, ajouter le beurre en parcelles, puis la farine, bien dessécher sur le feu. Hors du feu, ajouter l'œuf entier et mélanger. Ajouter la chair de volaille et un tour de moulin à poivre. Mettre cette masse dans un saladier, sur un lit de glace et incorporer le blanc d'œuf puis la crème, cuillère par cuillère. Terminer en ajoutant la truffe hachée. Façonner 8 à 10 petites quenelles et les tenir au frais.

La garniture : éplucher et préparer tous les légumes de la garniture. Les cuire séparément dans des casseroles de bouillon en comptant 10 à 12 mn pour les navets et les carottes, 7 à 10 mn pour les haricots verts, 10 à 12 mn pour les asperges, 2 à 3 mn pour les petits pois. Ils doivent tous rester fermes. Prélever 5 à 6 louches de bouillon du faitout et les verser dans une casserole. Faire chauffer, verser deux blancs d'œufs et en fouettant sans

cesse, porter délicatement à ébullition. Passer ensuite le bouillon devenu limpide sur une serviette mouillée dans une autre casserole. Tenir au chaud et vérifier l'assaisonnement. Au moment de servir, quand la poularde est à point, mettre à pocher les petites quenelles 3 mn dans une petite quantité de bouillon.

Présenter la poularde avec tous les légumes, la farce et le bouillon en tasse avec les quenelles flottantes.

Cette recette m'a permis de remporter, en 1990, le premier trophée des « Mères Cuisinières » à Vichy, dédié cette année-là à une très grande dame de la cuisine lyonnaise, la Mère Brazier, et organisé par une autre très, très, grande dame de la cuisine, madame Simone Lemaire. La mère Fillioux, sublime mère lyonnaise, devait sa réputation à sa poularde demi-deuil et à ses artichauts au foie gras. De 1890 à 1925, année de sa mort, elle découpa plus de 500 000 poulardes avec le même petit couteau usé par la meule, qu'une de ses élèves a déposé au musée de la gastronomie à Villeneuve Loulet.

VIN

Chevalier-Montrachet de chez Jacques Prieur que l'on peut attendre, ou Côte rôtie de chez Guigal, le vin rouge des Côtes du Rhône.

Treize desserts en bûche de brousse au miel

Préparation : 25 mn
Réalisation : assez facile

Pour 8 à 10 personnes

500 g de brousse de brebis, 150 g de fruits confits (melons, oranges, citrons, cerises), 150 g de nougatine (chez le pâtissier), 200 g d'un mélange de mendiants (amandes, noisettes, pignons, pistaches), 250 g de crème fraîche fleurette, 180 g de miel toutes fleurs, 10 feuilles de gélatine.
Pour finir : 150 g de crème liquide, 1 saucière de coulis de framboises ou de fraises, fruits confits.

Tremper les feuilles de gélatine dans l'eau fraîche pour les ramollir. Tiédir le miel, y incorporer la gélatine ramollie et laisser refroidir.

Couper les fruits confits en petits cubes, hacher grossièrement les mendiants, concasser la nougatine. Dans un saladier bien froid, monter en crème fouettée la crème fraîche. Dans un autre saladier, écraser la brousse à la fourchette, y incorporer les mendiants, les fruits confits et la nougatine. Verser le miel, mélanger. Incorporer très délicatement la crème fouettée. Mettre au frais 1 h pour que l'appareil commence à prendre.

Étaler sur la table une grande feuille de film plastique, étaler la masse sur le film et fermer en formant un gros boudin. Bien serrer et remettre au frais. Quand la bûche est bien dure, monter en chantilly les 150 g de crème liquide. Débarrasser la bûche de son papier film, masquer avec la crème fouettée à l'aide d'une fourchette, pour décorer. Terminer en disposant quelques cerises et morceaux de fruits confits. Accompagner du coulis.

Cette bûche est un clin d'œil aux treize desserts de notre tradition provençale.

VIN
Muscat de Beaumes de Venise
où l'on retrouve toutes les senteurs de roses.

Le Gros Calisson du Mas et la crème glacée à la cardamome

Préparation : 30 mn
Cuisson : 20 mn
Réalisation : assez facile

Pour 8 à 10 personnes

Le calisson : 300 g de sucre, 300 g de poudre d'amandes, 200 g de confiture d'abricot, 2 feuilles de papier hostie, 100 g de sucre glace, 1 blanc d'œuf. La crème glacée : 1/2 l de lait, 80 g de crème liquide, 100 g de sucre semoule, 4 jaunes d'œufs, 10 graines de cardamome légèrement écrasées, 20 g de miel d'acacia.

Pour réaliser le calisson, verser le sucre, la poudre d'amandes et la confiture dans une casserole à fond épais. Mélanger et cuire à feu doux pour dessécher la masse. Disposer le papier hostie au fond d'un moule et verser dessus cette préparation.

Travailler au fouet le sucre glace et le blanc d'œuf et verser ce mélange sur le calisson. Faire sécher au four à 130 °C (th. 4) environ 10 mn. Laisser refroidir.

Préparer la crème glacée : blanchir au mixer les jaunes d'œufs et le sucre. Ajouter le miel, bien mélanger. Porter le lait et la crème à ébullition, ajouter les graines de cardamome écrasées. Mélanger cette préparation à la précédente et laisser infuser au moins 30 mn. Quand cette préparation est bien refroidie, filtrer et passer en sorbetière.

Servir le calisson à la cuillère, avec la crème glacée.

Vin

Vin cuit, domaine des Bastides de Jean et Carole Salen.

Le Nougat noir

Préparation : 15 mn, 24 h à l'avance
Cuisson : 20 à 30 mn
Réalisation : assez difficile

Pour 12 personnes

1 kg de miel, 250 g d'amandes émondées, 3 ou 4 feuilles d'hostie (à acheter chez votre pâtissier s'il fait lui-même son nougat), 1 cadre de bois.

Verser le miel dans un poêlon, si possible en cuivre, sur feu doux. Porter à ébullition sans cesser de remuer. Ajouter les amandes blanches. Laisser bouillir et caraméliser pendant 5 à 6 mn. Déposer le papier hostie au fond du cadre de bois. Quand le miel brunit, le verser dedans, recouvrir d'une autre feuille d'hostie puis d'une planchette pour tasser le nougat. Laisser refroidir 24 h.

Vin

Vin doux naturel du Vaucluse, Rasteau moelleux.

Ma première rabasse

Le rabassier est le ramasseur de truffes.

Ma première rabasse remonte à un souvenir d'enfance. C'était dans notre jolie propriété de « la Bonne Mère » à Jouques, où mon père, authentique Parisien, chassait la mouche rabassière, une branche à la main, le plus souvent pour une maigre récolte. Quel bonheur de le voir à genoux, sous les chênes, humant la terre et grattant minutieusement pour extraire de sa cachette le diamant noir qui parfumait la brouillade du dîner !

La Tartine du rabassier

Préparation : 5 mn
Réalisation : très facile (sauf pour trouver la truffe)

Pour 2 tartines

2 belles tranches de pain de campagne, 1 truffe de 50 à 70 g (ou plus), beurre fermier, 1 cuillère à soupe de sel de Guérande.

Griller le pain d'un seul côté, le tartiner de beurre fermier, couper la truffe en rondelles très fines à répandre sur le beurre, saupoudrer de gros sel.
L'huile d'olive figée peut remplacer le beurre et donner une note provençale à cette tartine.

Vin

Vin aromatique à boire jeune, Crozes Hermitage rouge.

La Truffe entière à la croûte de pain

Préparation : 15 mn
Cuisson : 10 mn
Réalisation : assez facile

Pour 4 personnes

150 g de pâte à pain complet (à acheter chez le boulanger), 4 truffes de 25 à 30 g chacune (ou plus) lavées et brossées, 8 lanières fines de poitrine fumée, 1 jaune d'œuf mêlé à 1 cuillère à soupe de lait (pour dorer la pâte).

Étaler la pâte sur la table farinée en quatre ronds de 10 cm de diamètre. Réserver au frais.

Dans une poêle et sans matière grasse, faire dorer les lanières de poitrine fumée. Égoutter sur un papier absorbant.

Sortir les cercles de pâte à pain. Sur chacun d'eux, déposer en croix deux lanières de poitrine fumée dorées, ajouter une truffe au centre. Poivrer.

Fermer la pâte en soudant les bords avec un peu d'eau. Dorer au pinceau. Réserver.

Préchauffer le four à 200 °C (th. 6-7). Enfourner pour 10 mn. Surveiller la coloration, la croûte doit être dorée de toute part.

Cette truffe en croûte de pain est un mets royal. Elle peut être servie en entrée d'un repas de fête avec un bon beurre fermier et du sel de Guérande.

Vin

Hermitage rouge, vin de garde par excellence, avec une belle longueur en bouche ou un Pomerol. Après quelques années, ce sont des vins d'une couleur intense et d'une grande finesse.

La Brouillade aux truffes

Préparation : 5 mn, la veille
Cuisson : 10 à 12 mn
Réalisation : très facile

Pour 4 personnes

1 truffe d'environ 50 g (ou plus), 10 œufs, 1 morceau de beurre, 1 cuillère à soupe de crème fraîche épaisse, sel et poivre.

La veille, brosser la truffe sous le robinet avec une petite brosse dure pour ôter la terre. Choisir un bocal d'une bonne taille, y déposer les dix œufs et la truffe. Fermer hermétiquement. Tous les œufs vont s'imprégner du parfum de la truffe.

Le jour même, placer une casserole au bain-marie, avec un morceau de beurre. Dans un bol, battre les œufs et y râper la truffe, en réservant quatre lamelles. Saler et poivrer modérément. Verser les œufs battus dans la casserole, remuer à la cuillère de bois sans interruption jusqu'à obtenir la consistance d'une crème épaisse. Ajouter la crème, remuer de nouveau et servir immédiatement. La brouillade n'attend pas...

Décorer d'une lamelle de truffe.

VIN
Hermitage blanc, vin puissant et élégant.

Recettes utiles

*Ces préparations interviennent dans la composition de nombreuses recettes.
Je vous conseille de les avoir toujours sous la main*

Le Concassé de tomates

Préparation : 30 mn
Cuisson : 1 h
Réalisation : facile

Pour 5 kg de concassé

3 kg de tomates, 1 tête d'ail épluchée et dégermée, 3 échalotes, 10 cl d'huile d'olive, 1 cuillère de sucre, 1 bouquet de thym frais, 1 bouquet de basilic ciselé, sel, poivre.

Peler les tomates en les plongeant dans l'eau bouillante, pendant quelques secondes. Les épépiner, les couper en quatre.

Éplucher et hacher l'échalote. La faire revenir à l'huile d'olive dans un faitout. Ajouter les tomates, l'ail écrasé, le thym, le basilic ciselé, le sucre, sel et poivre.

Couvrir et laisser compoter 30 mn. L'eau des tomates doit s'évaporer. Laisser refroidir et consommer ou congeler en barquettes.

Pour cette recette, j'utilise la variété roma ou olivette, qui est moins juteuse et nécessite donc moins d'évaporation que la ronde marmande ou l'hybride de montjarret. Le concassé du Mas, se prépare toujours en fin d'été aux alentours du 10-20 août. À cette periode, les tomates sont abondantes, savoureuses et très bon marché.

La Confiture de fruits et de légumes d'hiver

Préparation : 10 mn
Cuisson : 1 h 30 mn environ
Réalisation : facile

Pour 1 pot de 1 kg

300 g de potirons, 2 coings, 2 pommes, 2 poires, 2 carottes, 1 côte de céleri, 1 citron non traité, 1 citron vert, 1 écorce d'orange, 1 litre de vinaigre de cidre, 500 g de cassonade, 2 cuillères à café de graines de moutarde, 5 clous de girofle, 1 bâton de cannelle, 2 cuillères à café de gingembre en poudre, 2 petits piments oiseaux, 3 gousses d'ail, 1 petit bulbe de gingembre.

Porter à ébullition le vinaigre et la cassonade dans une grande casserole, ajouter les épices.

Éplucher les légumes et les fruits, les couper en petits morceaux.

Cuire en premier les morceaux de coings puis les carottes, le potiron, le céleri et enfin les fruits. Laisser confire sur feu très doux au moins 1 h 30 mn.

Laisser refroidir et verser dans des pots à confiture. Conserver au froid.

Cette confiture est un genre de Chutney maison et ses composants évoluent au rythme des saisons. Je la sers en accompagnement de toutes sortes de terrines.

Les Cerises au vinaigre

Préparation : 20 mn,
au moins 1 mois à l'avance
Cuisson : 10 mn
Réalisation : facile

Pour un bocal de 1 l

1 kg de cerises bigarreaux, 1/2 l de vinaigre de vin, 50 g de cassonade, 2 clous de girofle, une pincée de grains de poivre, 1 branche d'estragon, 1 gousse d'ail.

Laver et égoutter les cerises. Couper la queue aux ciseaux à 1 cm du sommet.

Chauffer le vinaigre et porter à ébullition, ajouter les épices, la cassonade et l'ail.

Disposer les cerises dans le bocal.

Verser le vinaigre tiédi sur les fruits, ajouter l'estragon. Fermer le bocal et consommer 1 mois plus tard.

Les cerises au vinaigre remplacent avantageusement les cornichons auprès de toutes les terrines maison. On peut aussi utiliser des griottes.

La Brandade de morue

Préparation : 15 mn
Cuisson : 25 mn
Réalisation : facile

Pour 10 à 12 personnes

1 kg de morue salée bien épaisse, 1/2 l d'huile d'olive, 1 pincée de quatre-épices, 1 gousse d'ail hachée, 1 pincée de poivre, 1 l de lait, 50 cl de crème fleurette.

Dessaler la morue 24 h en changeant d'eau souvent.

Une fois la morue dessalée, chauffer le lait dans une grande casserole, y plonger la morue. Ramener tout doucement à frémissement, égoutter et jeter le lait. Dans une sauteuse assez large, mettre 2 cuillères d'huile d'olive et l'ail haché. Cuire 2 mn. Ajouter la morue désarêtée. Bien mélanger et battre.

À côté, chauffer le reste de l'huile d'olive dans une casserole et la crème liquide dans une autre. Incorporer successivement 1 cuillère à soupe d'huile, puis une cuillère à soupe de crème jusqu'à épuisement des ingrédients. Toujours remuer.

Saupoudrer de quatre-épices et de poivre. Battre et bien remuer, jusqu'à obtenir une crème un peu épaisse et souple.

Laisser refroidir et garder au frais.

L'Anchoüade

Préparation : 15 mn
Cuisson : 10 mn
Réalisation : très facile

Pour 6 personnes

Une douzaine d'anchois au sel, lavés sous l'eau courante et mis à dessaler une dizaine de minutes, 10 cl d'huile d'olive, 1 cuillère à café de bon vinaigre, 1/2 gousse d'ail dégermée, poivre.

Lever les filets en ôtant l'arête centrale.
Faire tiédir 10 cl d'huile d'olive (celle de la vallée des Baux est magnifique).

Ajouter une demi-gousse d'ail dégermée et écrasée à la fourchette, puis les filets d'anchois et 1 cuillère à café de bon vinaigre. Bien remuer, ne jamais laisser bouillir.

Poivrer avec le poivre du moulin, laisser refroidir.

Cette sauce typiquement provençale agrémente les crudités et assaisonne nos salades.

La Moutarde des pêcheurs

Préparation : 5 mn
Réalisation : assez facile

Pour un petit bol

3 jaunes d'œufs durs, sel, poivre, 3 cuillères à soupe de vinaigre à l'estragon, 2 branches d'estragon ciselé, 1 gousse d'ail hachée, 20 d'huile d'olive.

Dans un bol, mettre les jaunes d'œufs durs, l'ail, le sel, le poivre et l'estragon.
Monter au fouet comme une mayonnaise avec l'huile d'olive, à la fin incorporer le vinaigre.

Cette excellente sauce accompagne un poisson préparé au court-bouillon ou grillé.

La Tapenade noire

Préparation : 30 mn
Réalisation : facile

Pour un pot de 1 kg

300 g d'olives noires dénoyautées, 200 g de filets d'anchois, 200 g de câpres, 2 cuillères à soupe de cognac, 4 gousses d'ail écrasées, 20 cl d'huile d'olive, 2 cuillères à soupe de moutarde.

Broyer les olives, les anchois, les câpres, l'ail. Ajouter la moutarde, le cognac et monter à l'huile d'olive.
Poivrer et goûter pour saler.

La Tapenade verte

*Préparation : 10 mn + 30 mn
pour dénoyauter
Réalisation : facile*

Pour 1 pot de 1 kg

500 g d'olives vertes, 100 g d'amandes blanches, 2 cuillères à soupe de câpres, 6 filets d'anchois, 15 cl d'huile d'olive, 1 trait de marc de Châteauneuf, poivre, 1 petite pincée de sel.

Dénoyauter les olives. Les mettre dans le bol du mixer avec les amandes, les câpres et les anchois, en incorporant l'huile d'olive en filet. Ajouter le marc à la fin.
Mettre au frais.

La Pâte à tempura

*Préparation : 5 mn
Réalisation : très facile*

Pour un apéritif de 8 à 10 personnes

125 g de farine tamisée, 10 cl d'eau glacée, 2 cuillères à soupe d'huile, 1 œuf entier + 1 blanc en neige, sel.

Dans un grand saladier, disposer la farine, faire un puits, ajouter le sel, l'œuf et l'huile. Bien mélanger. Ajouter, en tournant l'eau glacée, sans cesser de tourner. Monter le blanc en neige. L'incorporer délicatement à la pâte, en soulevant la masse. Réserver au frais.
Cette pâte ultra-légère sert à confectionner des beignets de toutes sortes (aubergines, poissons, oignons, etc.).

La Pâte à choux

*Préparation : 5 mn
Cuisson : 10 mn
Réalisation : facile*

Pour 400 g de pâte

1/8 de l d'eau, 1/8 de l de lait, 160 g de farine tamisée, 110 g de beurre, 5 œufs, 1 pincée de sel.

Chauffer le lait et l'eau plus le beurre, ajouter le sel. Amener à ébullition. Ôter du feu et mettre la farine tamisée. Remuer à la spatule pour mélanger.
Remettre sur le feu pour dessécher la pâte. La pâte doit former une boule compacte sans rien tout autour.
Verser dans un bol assez grand. Incorporer les œufs deux par deux, ne pas trop travailler la pâte. Réserver au frais.

La Pâte sablée sucrée

*Préparation : 5 mn
Pas de cuisson
Réalisation : facile*

Pour 2 tartes de 8 personnes

250 g de farine, 125 g de beurre en pommade, 1 œuf, 125 g de sucre semoule, 1 paquet de sucre vanillé.

Déposer la farine sur la table en faisant un puits. Mélanger rapidement du bout des doigts le beurre en pommade, ajouter un œuf, puis les deux sucres. Rouler en boule et réserver au frais dans un papier plastique alimentaire.

Le Pain aux olives noires

*Préparation : 15 mn, 1h30 mn à l'avance, + 10 mn au bout de ce temps
Cuisson : 10 mn
Réalisation : assez facile*

Pour 2 pains

300 g de farine type 45, 150 g de farine intégrale, 200 g d'olives noires, 15 g de levure de boulanger, 15 g de sel, 15 g de sucre, 2 cuillères à soupe de lait.

Mettre les farines dans un grand saladier avec le sucre, le sel et mélanger.
Délayer la levure dans le lait tiède. L'incorporer aux farines et pétrir jusqu'à obtenir une préparation d'une parfaite homogénéité.
Recouvrir la pâte d'un torchon humide et la laisser monter 1 h 30 mn dans une pièce tempérée sans courant d'air.
Dénoyauter les olives, les hacher grossièrement et les poivrer.

Rompre la pâte lorsqu'elle est bien gonflée. L'étaler sur le plan de travail fariné, parsemer toute la surface d'olives poivrées, puis rouler la pâte comme un gros saucisson. La couper en deux de façon à obtenir deux pains. Laisser à nouveau gonfler dans un endroit tiède pendant 30 mn.

Préchauffer le four à 250 °C (th. 8-9).

Ciseler le dessus des pains pour le décor. Les poser sur une plaque du four. Humecter d'eau.

Cuire 10 mn.

Je sers mon pain aux olives avec les petites mousses potagères.

Les Petits Pains cœurs

Préparation : 15 mn, 1 h 30 à l'avance, + 10 mn au bout de ce temps
Cuisson : 10 mn
Réalisation : facile

Pour 2 grands cœurs ou 12 petits

300 g de farine type 45, 150 g de farine intégrale, 15 g de beurre de boulanger, 15 g de sucre, 15 g de sel, 2 cuillères à soupe de lait.

Mélanger les farines dans un saladier, le sucre et le sel. Délayer la levure dans le lait, légèrement tiède, l'incorporer aux farines, jusqu'à parfaite homogénéité, recouvrir la pâte d'un torchon humide et la laisser monter dans un endroit tempéré sans courants d'air, pendant 1 h 30 mn. Rompre la pâte, lorsqu'elle est bien gonflée et façonner les cœurs.

Cuire 10 mn à 220 °C (th. 8-9), asperger d'eau en cours de cuisson.

Le Pain noisettes-amandes

Préparation : 15 mn, 1 h 30 mn à l'avance
Cuisson : 10 mn
Réalisation : facile

Pour 30 petits pains

300 g de farine type 45, 150 g de farine intégrale, 15 g de beurre de boulanger, 15 g de sucre, 15 g de sel, 2 cuillères à soupe de lait, 150 g d'amandes, 150 g de noisettes.

Pour la pâte : même méthode que pour celle des petits pains cœurs. Quand elle a bien levé, rompre la pâte, l'étaler sur le plan de travail fariné en un grand rectangle. Parsemer la surface d'un mélange de noisettes et d'amandes hachées. Rouler comme un gros saucisson. Puis affiner le saucisson et découper en petits cylindres.

Laisser lever dans un endroit tiède 30 mn.

Enfourner 10 mn à 280 °C (th. 10-11).

Carnet d'adresses

Produits

Huile d'olive
Coopérative la Cravenco,
Raphèle-les-Arles
Tél. : 90 36 50 82

Fromages de chèvre
Babeth et Catherine,
« Les Espagnols »,
Lagarde d'Apt
Tél : 90 75 03 60

Légumes secs biologiques (épeautre)
Famille Fra,
Bastide Notre Dame le Village,
Lagarde d'Apt
Tél. : 90 75 01 42

Volailles et gibiers
Établissement Hugon,
Halles Centrales, Avignon
Tél. : 90 86 30 26

Fruits confits
La Cigalette, La Lise,
Cabrières d'Avignon
Tél. : 90 76 96 90

Chocolat
Valrhona,
Tain-l'Hermitage

Antiquités

Thibaut Ayasse
Carré de l'Isle,
13, avenue des quatre-otages,
L'Isle-sur-la-Sorgue
Tél. : 90 38 61 25

Objets du hasard
Carré de l'Isle,
13, avenue des quatre-otages,
L'Isle-sur-la-Sorgue
Tél. : 90 38 54 58

Michel Biehn
7, avenue des quatre-otages,
L'Isle-sur-la-Sorgue
Tél : 90 20 89 04

Vincent mit L'ane
5, avenue des quatre-otages,
L'Isle-sur-la-Sorgue
Tél : 90 20 63 15

Éric Declerck
Carré de l'Isle,
avenue des quatre-otages,
L'Isle-sur-la-Sorgue

Vaisselle et objets

Maison quinta
3, rue Grande fabrique,
Perpignan
Tél. : 68 34 41 62

Michel Biehn
Carré de l'Isle,
7, avenue des quatre-otages,
L'Isle-sur-la-Sorgue
Tél. : 90 20 89 04

Édith Mezard
Château de l'Ange,
Lumières.
Tél. : 90 72 36 41

Souleïado
Place du Château,
Gordes
Tél. : 90 72 01 99

Le grand magasin
24, rue de la Commune,
Saint-Rémy-de-Provence
Tél. : 90 92 18 79

Ciergerie des prémontrés
Graveson

Linge de maison

Édith Mézard
Château de l'Ange,
Lumières
Tél. : 90 72 36 41

Les Toiles du soleil
3, rue Grande fabrique,
Perpignan
Tél. : 68 34 41 62

Souleïado
Place du Château, Gordes
Tél. : 90 72 01 99

Beauvillé
19, route Ste Marie aux Mines,
Ribeauvillé
Tél : 89 73 32 17

Fleurs du jardin

Pépinières Appy
Route Joucas,
Roussillon
Tél. : 90 05 62 94

Les jardins de San Peyre
Cabrières d'Avignon
Tél. : 90 76 98 85

S.O.M.A.I.R
Matériel d'arrosage, pompes, etc.
Z.I. Grande Marine,
L'Isle-sur-la-Sorgue
Tél. : 90 38 49 59 ou 90 38 05 88

Les vins d'ici

Domaine de la Royère
Quart La Royère,
La Sablière,
Oppèdes
Tél. : 90 76 87 76

Domaine de la citadelle
Le Chataignier chd Cavaillon,
Menerbes
Tél : 90 72 41 58

Château de Mille
Route Bonnieux, Apt
Tél. : 90 74 11 94

Château de l'Isolette
Route Bonnieux, Apt
Tél. : 90 74 16 70

Domaine de Château blanc
Le Sage, Roussillon
Tél. : 90 05 64 56

Enclave Vinothèque
11, avenue Charles de Gaulle,
Valreas
Tél. : 90 35 17 96

Maisons d'hôtes

Maison Garance
Hameau des Bassacs,
Saint-Saturnin-les-Apts
Tél : 90 05 74 61

Villa Velleron
Velleron
Tél. : 90 20 12 31

Remerciements

Catherine et Michel Biehn pour la robe de la mariée et la jolie vaisselle jaune, Édith Mézard qui a brodé de ses doigts de fée la nappe abécédaire et les serviettes de lin blanc du mariage, Michèle Joubert qui m'a ouvert toutes grandes les portes de son beau château à Gignac, pour le Noël en famille.

Babeth et Catherine, les bergères qui nous ont accueillis au paradis des chèvres. Patricia de la boutique « Petit Boy » qui a habillé les petites filles. Laurent Peilleron le beau tellinier de Beauduc. Monsieur Dupont et son beau jardin de fleurs de courgettes, et puis Catherine, Thibaud, Manou, Jacques, Hervé avec qui nous avons partagé notre déjeuner d'amis sans oublier Martine Albertin et Lydie Laurent, Jacqueline et Roland, Léa du Luxembourg.

Merci à tous de votre soutien et votre amitié.

Je ne peux oublier mes amis Christine et Michel Guérard qui, en grands professionnels, m'ont accordé leur confiance dans les moments de doute.

Merci à Pierre Arditi pour ses mots d'amitié et une pensée toute particulière pour ma fidèle Armelle, excellente collaboratrice qui depuis bientôt dix ans me seconde en cuisine.

E. B.

Table des recettes

Amuse-gueule

Beignets d'aubergines-tomates	134
Beignets de courgettes-anchois	134
Beignets de fleurs	134
Beignets d'oignons doux,	103
Bonbons à la brandade pour l'apéritif	28
Chou en nems d'automne	130
Concombres à la « poichichade »	130
Petites crêpes de carottes	130
Petits beignets d'aubergine à l'anchois frais	143
Pissaladière	132
Ronde des tartines, la bergère	113
Ronde des tartines, la sienne	112
Ronde des tartines, la tienne	112
Tartine du rabassier	170

Légumes, riz et pâtes

Artichauts à la brandade	28
Aumônières à la ricotta	31
Bohémienne de « Mamé Marcelle »	48
Brouillade aux truffes	172
Buisson d'asperges à l'œuf cassé	60
Carpaccio de légumes	120
Cassolettes d'asperges en pois verts	31
Caviar d'aubergines	129
Confit de poivrons et caillé de chèvre doux à la mélisse-citronnelle,	14
Croustillant de riz rouge au chèvre sec	14
Farandole de petits farcis aux mille senteurs	89
Gratin de cardons à l'anchois	156
Gratin de légumes épicé	103
Mousses glacées potagères	114
Petit gratin de courgette à l'ail doux	65
Polenta à la poêle pour mon ami Hervé	104
Pommes de terre aux oignons	90
Risotto d'épeautre éclaté	120
Sablé vert et tomates en l'air	96
Salade de petits violets à l'anchoïade	60
Salade de poivrons et cébettes	116
Soupe d'été à la roquette	113
Soupe de melon apéritive,	116
Soupe fraîcheur à l'olivette	96
Taboulé d'épeautre	46
Tarte de riz aux cèpes et aux écrevisses	50
Truffe entière à la croûte de pain	171

Viandes et volailles

Charlotte d'agneau aux aubergines	100
Côtes de canard aux cerises	123
Croustillant de pigeon au miel épicé	32
Gratin de cabri à la « Brodetto »	17
Gratin de macaronis, ris de veau et foie gras	34
Navarin de chevreau avec tous les légumes de printemps	65
Parfait de foies blonds	56
Pavé de foies de veau au jus d'agrumes	66
Poularde du trophée « mère Fillioux », son bouillon clair aux quenelles truffées	160
Râble de lapereau chèvre-olives	20
Risotto de petits artichauts, lapereau et sel de romarin	104
Rognons de veau dorés au miel d'acacia	103
Rôti de porc à la sauge	49
Tarte à l'envers de lapereau à la tapenade	66
Tendron de veau au citron vert et crémolata	123
Terrine à l'agneau en gelée de thym citron	58
Terrine de lapereau aux deux choux	124
Volailles du dimanche à la brousse	90

Poissons et crustacés

Artichauts à la brandade	28
Bourride de saint-jacques	143
Brochettes de petit gris à l'aïoli	154
Crépinettes de coquillages	144
Effeuillée de morue en salade	46

Encornet comme les pieds et paquets de chez nous	98
Escabèche de rougets de roche	144
Gâteau de morue aux pommes de terre	158
Gratin de cardons à l'anchois	156
Gratin de sardines aux herbes potagères	99
Lasagnes de courgettes au cabillaud	88
Loup de Méditerranée en croûte de sel	148
Petits violets et saint-jacques en barigoule	59
Pizza rouge aux supions	149
Poêlée de tellines	140
Salade à l'anchois	156
Salade de tautènes ou petits calamars aux fleurs de capucine	86
Soupe de tomates au thon	86
Tarte de riz aux cèpes et aux écrevisses	50

Œufs

Crespéou d'omelettes	45
Œufs cocotte en pâtisson	59
Œufs surprises en amusade	56
Omelette aux herbes	133

Fromages

Cheesecake de chèvredou à la mélisse-citronnelle	22
Confit de poivrons et caillé de chèvre doux à la mélisse-citronnelle	14
Croustillant de riz rouge au chèvre sec	14
Parfait fromagé	35
Petits chèvres rôtis au romarin	17
Petits pots de fromage frais et râpée de concombre	20

Desserts

Cake amandes-noisettes	75
Clafoutis aux cerises du Mas	78
Farandole de petits farcis aux mille senteurs	89
Figues fraîches en robe blanche	36
Gâteau « Rosita »	81
Gratin de fraises en sabayon de muscat et son sorbet	39
Gros calisson du Mas et la crème glacée à la cardamome	164
Marmelade abricots-amandes	78
Nougat aux bigarreaux « Cigalette »	36
Nougat noir	164
Petites madeleines dorées au miel d'acacia,	81
Petits pots de mousse chocolat-caramel	72
Saint-honoré aux fraises	38
Salade de fruits d'automne	92
Sorbet aux pétales de roses	36
Soupe de fruits rouges	108
Soupe de pêches à la verveine	92
Tarte au citron meringuée	78
Tarte aux fraises « gariguette »	75
Tarte tiède au chocolat	108
Tourte tiède de notre verger	50
« Tout-pomme » d'Annick	72
Treize desserts en bûche de brousse au miel	162

Recettes de base

Anchoïade	177
Anisette de ménage	129
Brandade de morue	177
Cerises au vinaigre	176
Concassé de tomates	176
Confiture de fruits et de légumes d'hiver	176
Moutarde des pêcheurs	177
Pain aux olives noires	178
Pain noisettes-amandes	179
Pâte à choux	178
Pâte à tempura	178
Pâte sablée sucrée	178
Petits pains cœurs	179
Tapenade noire	177
Tapenade verte	178

À toi,

La première fois que je t'ai vu, tu étais attablé devant un gigantesque plateau de fruits de mer. Tu râlais déjà, en bon Normand, d'un manque de pince à décortiquer les langoustines. Ton assiduité au restaurant me disait que tu appréciais bien ma cuisine. Tu as donc été promu au grade de « meilleur client ».

Débarqué dans ma vie comme le soleil d'ici, après nos violents orages, nous ne nous sommes plus quittés. De client, tu es devenu sommelier, maître d'hôtel et surtout, bon père de famille. Avec toi, j'ai voulu reconstruire et toujours avancer. Sans toi, notre Mas Tourteron ne serait pas…

Merci de ton infinie patience et de tout ton amour, car nous avons encore un long bout de chemin à faire ensemble.

E. B.

Les photographies ont été prises au Mas Tourteron et au Carré d'Herbes.

MAS TOURTERON

chemin de Saint Blaise, 84220 Gordes.

Tél. : 04 90 72 00 16

Fax : 04 90 72 09 81

LE CARRÉ D'HERBES

13, avenue des quatre-otages

84 800 Isle-sur-la-Sorgue

Tél. : 04 90 38 62 95

Responsable éditorial

PHILIPPE PIERRELÉE

assisté de

CÉCILE DEGORCE

Responsable artistique

SABINE BÜCHSENSCHÜTZ

Photogravure : Euresys, à Baisieux

Imprimé en Italie par Rotolito Lombarda, à Milan

Dépôt légal : 7905 – octobre 1996

I.S.B.N. 2.85108.985.4

34/1147/7